HSU

新しき大学の理念

THE FOUNDING PHILOSOPHY OF HAPPY SCIENCE UNIVERSITY

「幸福の科学大学」がめざす
ニュー・フロンティア

大川隆法

RYUHO OKAWA

今、私たちが新文明への岐路《きろ》に立つとの自覚のもとに、新しき大学創設に向けて、「大学の理念」を学問化しようとする試みは、教育に新たなる付加価値を創造し、この国と世界の未来への指針を明確に示すことになるだろう。学問の世界におけるニュー・フロンティアを明らかにし、新しき大学の理念を提示することこそ、「未来の創造」の出発点にほかならないと考えるものである。

二〇一三年　九月二十五日

幸福《こうふく》の科学《かがく》グループ創始者兼総裁《そうししゃけんそうさい》
幸福《こうふく》の科学大学創立者《かがくだいがくそうりつしゃ》　大川隆法《おおかわりゅうほう》

新しき大学の理念　目次

新しき大学の理念

――「幸福の科学大学」がめざすニュー・フロンティア――

二〇一三年九月二十日　収録

東京都・幸福の科学　教祖殿《きょうそでん》　大悟館《たいごかん》にて

新しき大学の理念

―「幸福の科学大学」がめざすニュー・フロンティア―

二〇一三年九月二十日　収録

東京都・幸福の科学　教祖殿《きょうそでん》　大悟館《たいごかん》にて

1　現代日本に新しい大学を創る意義について

司会　本日は、「新しき大学の理念」と題し、大川隆法総裁から、質疑応答形式で幸福の科学大学に関する法話《ほうわ》を賜《たまわ》ります。質問のある方は挙手願います。

A――　本日はありがとうございます。

昨今、大学がどんどん淘汰《とうた》される時代に入ってきておりますが、現在における大学の限界とは何でしょうか。

また、幸福の科学が新たに大学を創る意義とは何でしょうか。大学界のなかに、どのような理念を新しく投入しようとしているのでしょうか。

これらの点についてお教えいただければと思います。

「新文明の発信基地」「新しい学問を創造する場」を創りたい

大川隆法　確かに、全体的には人口減が続いていますし、今後も続くと予想されているので、大学の多くは、「これから経営危機に直面するのではないか」と恐《おそ》れているかもしれません。特に、「偏差値《へんさち》的な学校選びをせず、『どこでもよい』というのなら、全員入れる学校もある」とも聞いています。

ただ、私には、「数はあれども、満たせていないニーズがあるのではないか」という気持ちがあります。そのニーズとは何でしょうか。

今、できている大学というのは、その多くが明治期に考えられたものです。「封建《ほうけん》時代が終わり、文明開化し、西洋化していく社会のなかで、必要な人材を育てる」ということで、幕府の時代に儒学《じゅがく》等を勉強していた方々が洋学に切り換《か》えていく流れのなかで、大学ができてきたのです。

ただ、それは、明治の上《のぼ》り坂のころにはうまくいったかもしれませんが、大正・昭和期に至り、先の大戦での敗北を経たあと、次第《しだい》しだいに、国家としてのアイデンティティーや未来ビジョンがはっきりと見えなくなってきたところがあると思うのです。

今、このあたりで、福沢諭吉《ふくざわゆきち》の唱えた「脱亜入欧《だつあにゅうおう》」的な考え方だけでは済まない時期が来たのではないかと感じています。

その意味で、「日本独自のオリジナルな文化を発信できるようなもの」が必要であると同時に、明治以降、さまざまに移入された外国のものをもとに、キリスト教文化圏《けん》以外のものについても目を配りながら、「今後の世界は、どうなるべきか」ということをデザインしていく力が必要だと思うのです。

したがって、今、あえて新しい大学を創り、世に問う理由があるとすれば、それは、「新文明の発信基地」としての大学、「新しい学問を創造する場」としての大学を創りたいということです。

教養と専門知識を身につけた上で、「外国の異文化」を学ぶ

大川隆法　もちろん、一部はすでにあるものも使いますが、単に、「すでにあるものの再生産を繰《く》り返すための場」としての大学だけを期待しているわけではありません。

そういう大学はすでにあり、百年以上の歴史を持っている学校もたくさんあります。しかし、このままでは、やはり日本の先行きに陰《かげ》りが見えていますし、日本が世界に対して果たせる役割にも限界があるでしょう。それは、政府のトップにある者から庶民《しょみん》に至るまで感じていることです。

これを打開する一策と言うべきか、例えば、現時点での政権与党《よとう》からは、「大

学入試や大学卒業時に、TOEFL《トーフル》等の留学生試験、すなわち、主としてアメリカなどの先進英語圏に留学するための語学試験を義務づけよう」という案も出ています。

また、銀行時代に留学経験のある楽天《らくてん》の三木谷浩史《みきたにひろし》氏等も、大学入試へのTOEFL導入を強く推《お》しているようです。

ただ、TOEFLは、アメリカのNPO団体が運営しているものであって、ものすごい数の日本の大学受験生が受けて、「読む・聞く・話す・書く」全部を個人個人にチェックしてもらうのに適した試験であるかどうか、疑問がないわけではありません。

こうしたものは、「留学するために必要な学力を持っているかどうか」を見るにはよいのでしょうが、全国規模で、同時期に短時間で行う試験が、それにふさわしいかどうかについては、一定の疑問があります。TOEFLは、あくまでも、アメリカ等の大学へ留学するための基準であるからです。

逆に考えてみれば、そのことが分かります。例えば、高校までは母国で学んでいたアメリカ人が、日本の大学に入った場合、どうなるでしょうか。

一部には帰国子女等に対応した学部もあるかもしれませんが、「普通《ふつう》の大学の、普通の学部に入学し、すべて日本語による講義とテキストの授業を受けて卒業できる人は、どれだけいるか」と考えると、「極《きわ》めて難しいだろう」ということは想像に難《かた》くありません。

日本人がアメリカへ留学するのと同様に、アメリカ人が日本の大学のいずれかの学部に入り、外国人枠《わく》ではなく、日本語の教科書を使った正規の授業を受け、日本人と同等に学力を判定されて卒業できるためには、中学・高校あたりから日本語教育を必修にし、各教科とも日本語の授業を受けたりしていなければ難しいだろうと推定されます。

すなわち、英語のできる人が増えることはもちろん大事なことであり、私自身も外国語教育に力を入れるつもりではあるのですが、一点、押《お》さえておかなければならないことは、「日本人を〝アメリカ人〟にするために、大学受験を行うわけではない」ということです。

そうではなく、いわゆる日本人として、「実社会で活躍《かつやく》できる人間」「自国の発展・繁栄《はんえい》のために尽《つ》くせるような誇《ほこ》り高い人物」をつくることが、主権国家としての当然の義務であり、そのなかで、特に、国際分野での活躍を期待される人に対し、彼らが要求するだけの教育を提供できることが大切なのです。

そのなかからは、もちろん、留学する人も出てくるでしょうし、外国の企業《きぎょう》や国際系企業に就職する人も数多く出てくるでしょう。あるいは、宗教系の大学としては、将来的に国際伝道師となる人も出てくるでしょう。

まず、「日本人として、社会のリーダーになるべき、基本的な教養と専門知識を身につける」という部分を押さえ、その上で、外国の異文化を学び、未来について考えるチャンスをつくっていきたいと思います。

キーワードは「新しい創造」と「未来への貢献《こうけん》」

大川隆法　それから、日本の大学の弱いところはどこかというと、「すでにできたものを習得すること、学び尽くすことには一生懸命《いっしょうけんめい》だが、新しいものを創造するチャレンジ精神などが弱い」という点です。

古い大学ほど、プレスティジ（威信《いしん》）、社会的評価は高いわけですが、そうした新創造に堪《た》える大学は、それほど数があるわけではありません。

例えば、企業であっても、「百数十年の歴史を持っていれば、急発展しているよい企業だ」というようなことは、まずないのです。新しいもののほうが優《すぐ》れた特徴《とくちょう》を持っていることが多いでしょう。

そういう意味では、新しいもののなかに、「『新しい創造』を含《ふく》んだものをつくっていきたい」と思いますし、「『創造性』『チャレンジ』というものを中心に据《す》えた学問を、教授と学生が協同しながらつくり上げていくようなものにしたい」と考えています。

ただ、新しい分野を開拓《かいたく》するからといって、卒業後、さまざまな企業等で活躍するに足りない程度の教養や専門性しかなければ、お話になりません。

また、海外に送り出しても、十分に通用するようでなければいけません。要するに、外国の文化にのみ込《こ》まれずに、そのなかで仕事をこなしつつ、日本人としての誇りを持って、日本の文化や考え方等についても十分に説明できるだけの教養を持った人をつくっていきたいと考えているのです。

キーワードとして、「新しい創造」や「未来への貢献《こうけん》」を挙げたいと思います。

2　大学は「すでにある学問を学ぶ」だけではない

A――　もう一点お伺《うかが》いします。

今、大川総裁から、「現在の大学は、すでにできたものを学ぶことには一生懸《いっしょうけん》命《めい》である反面、『新しい創造』や『チャレンジ精神』などが弱い」というご指摘《してき》を頂きましたが、学者自身にもそのような傾向《けいこう》があると思います。

ある意見によれば、「大学とは、まだ確立していない学問を教えるのではなく、確立した学問を教えるものなのだ」ということであり、そうした考えが、今の大学界にガッチリと出来上がっているとも聞いております。

そのため、おそらく、幸福の科学大学がめざすものを理解できない方々もいると思われます。そこで、「まだ確立していない学問を教えることができるのか」という疑問について、お答えいただければと思います。

新しいものにいつも取り組んでいる「アメリカの学問」

大川隆法　その質問に関しては、〝逆質問〟になるかもしれませんが、「では、なぜ、日本政府あるいは文部科学省が音頭《おんど》を取って、留学生を増やそうとしているのか」ということです。これを考えなければいけないと思います。

例えば、日本人でノーベル賞を取るような科学者になると、アメリカに留学して、向こうで研究を続けている人であることが多いのです。実際、「日本国籍《こくせき》を持っている」というだけで、「日本人が受賞した」と報道されることも多く、日本だけで研究していて受賞することは、あまりありません。

その理由として、日本での学問は、いわゆる「輸入学問」であって、横文字を縦に直すだけの勉強をしているために、新しいものに挑戦《ちょうせん》しても、それを判定する人や応援《おうえん》する人が少ないし、企業《きぎょう》でも使ってくれることが少ないからです。

一方、アメリカのほうでは、いつも新しいものに取り組んでいるところがあります。「フロンティアを拓《ひら》こう」とする姿勢を持っているのです。それで、理科系の研究者はアメリカに行くわけです。

留学などの異文化体験には、「創造性を増す効果」がある

大川隆法　また、人文系の研究者であっても、「向こうのほうで流行《はや》ったものが、遅《おく》れて日本で流行る」ということで、アメリカに行く人がいます。

私の若いころ、商社マンとしてアメリカに渡《わた》ったときには、「日米には十年の時間差があり、アメリカで流行っているものを勉強して日本へ持って帰れば、十年後に流行る」と言われていましたが、二〇〇〇年代には、「アメリカで流行っ

ているものが、三年後、日本で流行る」というように変わりました。

二〇〇八年のリーマン・ショック以降は何とも言えなくなってきて、進んでいるものと遅れているものが両方あります。オバマ政権下では、「もしかしたら、日本のほうが進んでいるものがあって、それを手本にしているのではないか」と思われるような政策も数多く出されています。

現在はそのような混沌《こんとん》とした状況《じょうきょう》ではありますが、異文化体験としては、いまだ、その人の才能を開花させたり、その人の視野を広げたりする〝触媒《しょくばい》〟としての効果がありますので、一般《いっぱん》的には、「海外に行けば創造性が増す」と言えるでしょう。

日本の学問の特徴《とくちょう》は「実用主義が弱いこと」

大川隆法　もし、国内において、それをやろうとしたら、大学のあり方そのものも、また、企業のあり方そのものも変えていかなければならないかもしれません。

例えば、アメリカのような「産学《さんがく》の人事交流」、すなわち、民間会社の社長が大学教授になれたり、大学教授が民間会社の社長になれる。例えば、経済学部系であれば、経済関係の大きな会社の社長や会長はトップレベルの大学の教授や学部長もできる。逆に、それを経験した人が、今度は、民間会社に下りてこられる。あるいは、政府の大臣等もできる。そのようなものです。

これは、アメリカに流れているプラグマティズム（実用主義）の面ですが、これに対し、日本の学問は、「外国のものを受け入れつつも、実用主義の面がかなり弱い」という特徴《とくちょう》があります。プラグマティズムに、哲学《てつがく》的な裏付けが十分になく、「外国の真似《まね》をして、ある程度、出来上がったものを使えるようにする」というレベルであり、小・中・高で学んだことの延長に大学教育があるわけです。

「文系の場合、大学院に行くと就職しにくくなる」という問題点

大川隆法　また、文系の場合、大学院に行く人の数は少ないのですが、その理由のほとんどは、企業の側から見ればよく分かります。

実は、学部卒の人であっても、会社に入ってから教育し直すのは、けっこう大変なのです。企業としては、十八歳《さい》のころに入学試験で難しい大学へ入り、頭がよいことさえ証明してくれていればそれでよく、大学時代にはサークル活動やクラブ活動でもしてくれている体育会系の人のほうが育てやすいのです。そういう人のほうが、新しいカルチャーに対する吸収率が高いため、一から教え込《こ》んでも、素直《すなお》に言うことをきいて勉強してくれるわけです。

一方、大学でガチガチに勉強しすぎた人の場合、会社に入ってから不適応を起こしやすく、その会社に必要な人材としてつくり変えることがなかなか難しいの

です。そういうことを、どの企業も経験しているわけです。

理科系では、比較《ひかく》的、修士課程を出ているぐらいの人を採ることが多いようですが、文科系では、いわゆる四年制大学を卒業したあたりが限度です。修士課程や博士課程を出ているような人を採ると、「年齢《ねんれい》は行っているし、専門的な知識は多くても、いわゆるつぶしが利《き》かなくなって、非常に扱《あつか》いにくい」ということが、現実に起きています。

私も、商社に勤めていた時代に、リクルート（採用）を手伝わされたことがありますが、東大の大学院生で修士課程の人（たまに博士課程の人もいました）が来ると、会社からは、面接前の段階で、早くも、「落とせ」という命令が出ていました。

要するに、学問を専門的にやりすぎた人は、もはや、その道で生きていかなければ食べていけないのです。会社では、その人を使い潰《つぶ》して、ほかの仕事ができるようには変えられません。大きなマイナスのエネルギーが働くからです。

しかも、本人も、同僚《どうりょう》との格差で悩《なや》むのが普通《ふつう》であり、「他の人よりも勉強したのに、どうして扱いが悪いのか」ということで悩むことが多いのです。

そのため、企業としては、「専門が行きすぎたら採らない」ということがあるわけです。

「異質結合による発明・創造をしていく」という発想を持とう

大川隆法　ほかにも、アメリカの大学との違《ちが》いがあります。
アメリカの場合、出身大学よりもレベルアップして一流の大学院等へ行けば、就職のときに、それをきちんとバックグラウンドとして踏《ふ》まえて採用されることがあります。全国各地の地方大学を出た人であっても、例えば、ハーバードやイェール、あるいは、イギリスのオックスフォード、ケンブリッジ等の大学院に行けば、それで、いちおう、「エリートの関門をくぐった」ということで就職できますが、日本の場合には、そういうことはまだないのです。

日本では、ほかの大学を卒業し、学士入学というかたちで東大の三年に入り直した場合、あるいは、ほかの大学を卒業してから、大学院だけ東大に入った場合には、「東大生」扱いをしません。大学に入る時点の知能検査で終わっていて、それからあとのものは考慮《こうりょ》していないのです。そのような分類として、はっきりと分かれていました。

このあたりについて、日本とアメリカとでは考え方の違いがあると思います。

私は、「後天的に努力して身につけたものが、また新しい知識や経験になって、新しいものを発明できるのではないか。異質なものを勉強すれば、その組み合わせによって新しいものを発明できるのではないか」と考えています。その意味で、例えば、「大学では文系だったが、大学院は理系」とか、「大学は理系だったが、大学院は文系」というようなことがあってもよいと思うのです。

日本の企業家も、その他の一般の人たちも、「異質なものの組み合わせが新しい結合を生み、イノベーションを生み出す」というヨーゼフ・シュンペーターのような考え方をなかなか取れないことが多いのですが、それは、「『新しい結合による発明・創造をしてほしい』と願っていない」ということでもあるのではないでしょうか。このことは、日本の発明家の地位が低いこととも関係があるかもしれません。

そういうことで、今の大学は、「創造の現場」としてはあまり機能していないと思います。特に、プレスティジのある有名大学ほど伝統にこだわり、大きな役所や、昔ながらの財閥《ざいばつ》系企業のように、変わらないところが多いようです。

そういうなかにおいて、新しく大学を創る以上、私としては、やはり、「未来に向けて積極的にチャレンジしていく人材をつくっていきたい」と思っていますし、さらには、「日本から世界に人材を送り込めるレベルまで底上げしたい」という気持ちを持っています。

A——　ありがとうございました。

3 「人間幸福学部」がめざすもの

B――　幸福の科学大学の「人間幸福学部」というネーミングは、非常に斬新《ざんしん》といいますか、今までにないカテゴリーだと思います。

もし、あえて似ているものを挙げるとすれば、教養学部や人間学部などかもしれませんが、こうした既存《きそん》の学部との違《ちが》いについて、お教えいただければ幸いです。

「人間の幸福のあり方」を一般《いっぱん》教養や専門知識として提供する

大川隆法　大学の設立の基盤《きばん》は、宗教法人・幸福の科学にありますので、宗教系の大学ということであれば、もちろん、宗教の教えは色濃《いろこ》く反映されます。

例えば、キリスト教系の大学ならば、その創立者が、カトリックなりプロテスタントなりの、どの宗派に属しているかによる違いはあっても、その教義が色濃く反映されているでしょう。幸福の科学大学においても、当然ながら、そのような意味での幸福の科学の影響《えいきょう》は出てくるものと考えます。やはり、自分が学んだ宗教に、徹底《てってい》的に反するようなことばかりするわけにはいかないと思うのです。

ただ、宗教法人・幸福の科学は、宗教としての「人間の幸福のあり方」を探究しているわけではありますが、あえて大学を創る以上、それを、もう一段、具体的に学問化したものとして、あるいは、智慧《ちえ》や技術や一般《いっぱん》教養のかたちにまで濾《ろ》過《か》したものとしてつくっていきたいと考えています。他の分野にも応用できるようなものを中心に抽出《ちゅうしゅつ》していきたいのです。

もちろん、宗教的な、オリジナルの歴史の部分は否定できません。

例えば、イスラム教にしても、イスラム教の伝統のなかに大学は数多くあるわけですから、その宗教の伝統や教義には反さないとしても、学問研究をすることはありえるわけです。

結局、「人間幸福学」とは、いわゆる「幸福の科学」学を、宗教的側面からではなく、一種の一般教養としても、あるいは、専門的な知識やスキルとしても使えるようなかたちで提供していくものであり、「『こういう考え方をしていけば、人間は幸福になることができる』ということを、さまざまな経験や教えのなかから抽出し、それを一般化していく」という努力であります。そして、そのなかには、研究としての面もあると思うのです。

大学のなかには、宗教学科や仏教学科があるところもありますが、「人間幸福学を研究する場としての大学」というものもありえるのではないでしょうか。学問の力によって、例えば、他の宗教や思想、哲学《てつがく》等との比較《ひかく》において、幸福の科学の教えを「人間幸福学」として逆照射し、再検討してみるという面もあるのではないかと考えます。

「不幸な人がつくった哲学《てつがく》」を学ぶと、不幸になる傾向《けいこう》が出てくる

大川隆法　なぜ、こういうことを言うかといえば、例えば、大学には哲学《てつがく》科というものがありますけれども、一般に、「哲学を若いうちに勉強した人は不幸になる」と言われています。私の年齢《ねんれい》と同じぐらいの人や、少し年上ぐらいの人をずっと見てきたかぎりでは、だいたい、それは当たっているのです。

哲学科は文学部のなかに存在していることが多いのですが、哲学科を出た人は、まず就職の段階で苦労します。就職時に、積極的に採ってくれるところはほとんどないのです。

例えば、面接では、「なぜ、大学の先生にならないのですか。そうでなければ、

高校で倫理《りんり》等を教える先生になる道もあると思いますが、どうしてならないのですか」というような問いがまず来ます。

そこで、「いやあ、一般企業《きぎょう》に就職したかったので」と答えて、何とか就職できたとしても、次は、だいたい、人事部や総務部、あるいは、社員教育の一部を担《にな》うような研修部門等に回されることが多いのです。営業や企画、国際部門などでは使われず、社員のいろいろな人生相談や、不調を起こした社員のコンサルティングなどをしていることが多いのではないかと思います。

一般に、哲学者の人生そのものを見ると、不幸な場合も多く、そうした不幸な方がつくった哲学を学ぶと、どうしても不幸になる傾向《けいこう》が出てきます。

具体的な例として出すのは恐縮《きょうしゅく》ですが、例えば、ショーペンハウエルという方がいます。彼の哲学は、仏教等をかなりベースにしたものにはなっていますが、仏教のなかのペシミズム（悲観主義）の面をそうとう取り入れて哲学化しているのです。そういう悲観主義の哲学を学んだ人が、楽天的な、幸福な生き方ができるかというと、やや難しいであろうと思います。

マルクス主義的な考え方と親和性の高い「実存主義哲学《てつがく》」

大川隆法　それから、実存主義的哲学《てつがく》は、基本的には、神仏等を否定したところから始まっていると思います。

これは、現在、一般的には「常識」になっているものかもしれませんが、まず、神や仏の存在を無視し、もちろん天地創造も無視し、「神が人間を創った」というようなことも無視して、「人間は偶然《ぐうぜん》に生まれた存在だ」というところがスタート点となるような思想です。

つまり、「人間は、親も選べず環境《かんきょう》も選べず、偶然に生まれてきた。だからこそ、その『投げ出された存在』として、どうやって生きていくか」ということを考えていくのです。さまざまな環境の違いがあるなかで、どうやってそこを生き抜《ぬ》いていくかということです。

キリスト教でいうところの「原罪」、すなわち、人間が「負の存在」として背負っているものを哲学的に説明し、「人間は、出発点において、この世の中に偶然投げ込《こ》まれた存在である。主体的意志で人生を選べない存在として生まれたのだ」というわけです。

しかし、「波間《なみま》に漂《ただよ》う笹舟《ささぶね》のような存在」としての人間を考える哲学に基《もと》づいた勉強をしたり、文学をつくったりしていると、「破滅《はめつ》的な人生」が待っていることがあるのです。

「どうせ、神様のご加護《かご》もなく、偶然にこの世に放り込まれて、洗濯機《せんたくき》のなかで回されるような人生なのだ」という考えであれば、そこから出てくるものは、よくても、せいぜい、「ラッキーな運に恵《めぐ》まれて、この世的に快適に過ごせればいいかな」という思いぐらいで、たいていの場合は、社会に対する構造的な不満となり、マルクス主義的な考え方との親和性が出てくるのです。

実存主義哲学の代表の一人であるフランスのサルトルなどは、中国の毛沢東《もうたくとう》革命等の革命を非常に高く評価しています。そういうこともあって、フランスと中国との文化交流はけっこうあり、中国人が留学する場合にはフランスへ行くことも多いようです。

ただ、二十世紀において、人々は「投げ出された存在」として苦労したわけではなく、実際には、政治・経済が下手なために苦労したわけです。先の大戦以降、政治家が、政治のシステムと経済のシステムをうまくつくれなかったために、人々は苦労したわけです。

中国を脱出《だっしゅつ》して華僑《かきょう》になった一部の中国人たちは経済的繁栄《はんえい》を十分に享受《きょうじゅ》できたのですが、鄧小平《とうしょうへい》が出てくるまでの中国人は経済的な繁栄をできずにいました。

そのほとんどが軍事的に一元《いちげん》支配するような思想で成り立っていて、農業に経済的な基盤を置いていたために、生産性が伸《の》びず、豊かになれなかったのです。

しかし、彼らは、それを外国のせいにして、「外国に侵略《しんりゃく》されたからだ」「隣国《りんこく》の日本のせいだ」など、いろいろな言い方をしていました。そういう時代が長かったのではないかと思います。

幸福の科学大学では、「どうすれば成功するか」を研究したい

大川隆法　そのように、「人間を幸福にしない哲学や思想」も存在します。もちろん、それも、研究の対象としてはあってもよいと思うのですが、「いかなる考えがネックになって、人を不幸にしたり、社会システムをマイナスの方向に引っ張っているか」という観点から研究すべきでしょう。

やはり、「どういう考え方を取れば、繁栄したり、個人的にも成功したりする

のか。さらには、組織、あるいは社会として、うまくいくのか」というようなことを学びたいものです。

したがって、中心的な思想としては、宗教や哲学、思想に近い部分での「人間幸福学」というものを、ある程度、人文系の教養から発達したものとして研究したいと思っています。

これを、さらに専門化・具体化する意味で、例えば、「経営成功学部」では、「企業をつくって成功させる」という考えもあれば、「どうやって、よい仕事をしていくか。どうすれば、企業のなかで働きながら、個人的にも、家族においても守られ、成功していく生き方ができるか」といった研究をすることも考えています。人間幸福学の、具体的な展開、あるいは、プラグマティックな展開として、「経営成功学部」も開きたいのです。

これには、「成功」という言葉を付けました。

「人間幸福学部」と「人間不幸学部」の両方が成り立つように、「経営成功学部」も「経営失敗学部」も成り立つわけですが、わざわざ、経営失敗学部をつくって教える必要はないでしょう。もちろん、反対の手本、反面教師として、失敗した企業等の研究、「なぜ失敗したのか」という研究はあっても構わないと思いますが、中心的には、「なぜ成功したのか」ということを考えたいのです。

ここでは、日本において成功した松下幸之助《まつしたこうのすけ》をはじめ、さまざまな企業人もいますので、そういう企業人の研究もしてみたいと思います。

また、戦後、アメリカから、P・F・ドラッカーのような方の思想が日本に入ってきて、「それを学ぶことによって、戦後始まった小さな町工場《こうば》が、世界的な企業になり、数万、あるいは十万、二十万人の社員を養うまでに成長した」というケースもありますので、「なぜ、そういう成功をしたのか」ということを、人間幸福学的な視点も踏《ふ》まえながら、プラグマティックに研究していきたいのです。

「どういう考え方が、その成功をつくり出していったのか」ということです。

一つの例を挙げましたが、人間幸福学研究の応用編・具体編という意味では、そのほかのものもあるでしょうし、国際的な展開もあるだろうと考えています。

4 学問の「根本《こんぽん》」に立ち返って学ぶことの意義

B――　学問の基本的な考え方について、お伺《うかが》いいたします。

「学問は、専門分化していくことによって進化してきた」という歴史があると思います。これは、マックス・ウェーバーなどの考えに通じるものかもしれませんし、カントなども神秘的なものと合理的なものとを分けた面があったかもしれません。

ただ、大川総裁の考えを伺っていますと、やはり、「統合していく」というイメージがあると思います。例えば、人間幸福学部には、極端《きょくたん》な言い方をすれば、「教養学部と神学部《しんがくぶ》を統合したようなもの」という印象を受けます。

「専門分化していくことが学問の進化である」と考えがちな現代において、学問における「統合」の意味について、お伺いできればと思います。

「神仏の考え」がこの世に投影《とうえい》されて、人間社会はできてきた

大川隆法　われわれの考えによれば、「人間社会とは、そもそも、大宇宙の意志として、神仏のお考えがこの世に投影《とうえい》され、できてきたものである」ということになります。

そして、それによって、さまざまな文明の盛衰《せいすい》が起きてきたと考えています。「文明が行き詰《づ》まったときには、新たな神意・仏意が働き、革命が起きて新社会が出来上がっていったり、外国の影響《えいきょう》を受けて国が変わっていったりするようなことが数多く起きてきた」という歴史観を持っているのです。

これは、場合によっては、「英雄《えいゆう》史観」になることもありますが、「歴史上、神

仏の意を体《たい》した人たちが出てきて、さまざまな時代・地域において国づくりをしてきた」という考えがあるわけです。

この史観に対するものとして、「左翼史観《さよく》」というものもあります。「『英雄』なるものは存在しない。『神仏の代理人』のような高級な人間は存在しない。みな同じく、ただの労働者であり、ただの人間なのだ。たまたま時代環《かん》境《きょう》が変わったために、そういう人たちが英雄に見えただけだ。戦争の時代になったら、戦《いくさ》に強い人が出てくるのは当たり前ではないか。戦争がなければ、そういう人だって、ただの凡人《ぼんじん》で終わっているはずだ。だから、人によるのではなく、環境によるのだ」

こういう考え方もあるだろうとは思います。

実際、過酷《かこく》な環境下で、鋭《するど》く力強いリーダーが出てくることも事実ですので、環境の要因を完全に無視する気はありません。

しかし、私としては、やはり、「トータルでは、『大きな心』が働いていると考えており、「その『心』の部分を表すのが、宗教・哲学《てつがく》・思想のようなものではないか」と思うのです。そして、「それがさらに具体化して、さまざまなものに分かれていく」という学問の考え方をしているわけです。

「小さな目」ばかりで見ていると、「全体」が見えなくなる

大川隆法　したがって、学問について「細分化」を前提とするような考え方は、「さまざまな分野に分かれてしまったあとは、知識が百科全集的に増えすぎ、すべてを学び尽《つ》くせなくなった」ということを意味しています。

それゆえに、すべてを学ぶことはあきらめ、例えば、「教師などの専門家として立ったり、社会人として専門を持ったりするためには、特定分野において他の人よりも深く掘《ほ》り下げておかなければ無理だ」といった考えが出てきたのだと思

います。要するに、知識の量が増えすぎたわけです。

そこで、「一つの部分で専門家になり、あとは、アバウトに知って済ませる」という考えが出てきたのです。これは、流れとして、当然出てくるものでしょうし、そのように分かれてくるものではあるでしょう。

ただ、小さな目ばかりで見ていると、全体が見えなくなってくることがあります。〝虫の目〟で働いている軍隊アリのような人ばかりでは、〝女王アリの目〟がなくなってしまう面もあるのです。

そのために、ときどき、統合的な思想や哲学、宗教などが出てくることによって、もう一回シャッフルし、「何が要《い》らなくて、何が必要か」ということを考えてみる必要があるわけです。

「宗教的基礎《きそ》」がなければ、悪《あく》への脇道《わきみち》にそれる可能性が高い

大川隆法　また、「諸学問の基礎《きそ》にあるところの共通基盤《きばん》なるものは、あって然《しか》るべきである」と、私は考えています。

もちろん、「テクニカルな諸学問があれば、それでよい」という考えもあるでしょう。それは、先ほど述べたプラグマティズムとも関係があるかもしれませんが、やはり、この世かぎりのもので、「有用であれば、給料になって返ってくる」というような思想だと思うのです。

この考え方には、よいところもありますが、危険な面もあります。こういう考え方が、近年の「マネー・ゲーム」のようなものとなり、「実体はなくても、とにかく、テクニカルに金融《きんゆう》操作をして、お金が儲《もう》かりさえすれば、億万長者になれて、いいことだらけ」といった〝サクセス・ストーリー〟をつくっているわけ

です。

「ものづくりをせず、ただただ金融操作をしたり、投機をしたりすることで儲ける」ということも、一部にはあってもよいと思いますが、全体がそんな方向へ行ったら、やはり困るでしょう。

そういう意味で、技術的なものはどんどん最先端化していくとは思うのですが、「これは正しいのかどうか」という根本《こんぽん》の部分についての考え方を忘れてはなりません。

日本で言えば、JAL《ジャル》の再建をなされた稲盛和夫《いなもりかずお》氏は、「新しく始めるときには、『自分の動機が善なるかどうか』を自分に問うている」と語っておられます。「動機善なりや」「私心《ししん》なかりしか」と、自らに問うことから始め、動機が善でない場合や、私心がある場合には、仕事を引き受けないそうです。このようなものは、一つの道徳的基礎、宗教的基礎の部分になるでしょう。

一方、「そういう部分がなくても、企業経営《きぎょう》は成り立つ」という考えや、「とにかく金儲けをすればよい」という考えでは、悪《あく》への脇道《わきみち》にそれていく可能性が高いのです。

そうした思想的なバックグラウンドの部分がないのに、「常にお客さんのほうを見ていることが大事」「お客様第一、顧客《こきゃく》第一」などと言っていたとしても、それが、「相手を騙《だま》してでも、よい仕事をしているように見せればよい」というような軽い思想に流れていくならば、底の浅い考えだと言わざるをえません。やはり、基本的には、そこに深いものがあったほうがよいと考えています。

常に原点に立ち返り、「自分の学問は正しいか」を考えよう

大川隆法　結局、学問が専門分化していく理由としては、「個人個人の能力の限界がある」ということが大きいでしょう。

語学一つをとっても、英語を学ぶだけでも大変なのに、ほかの語学まではそう簡単にできません。それと同様に、この世の学問において、何か一つの分野の専門家になり、ほかの学問までするには、非常に時間がかかります。そのため、収入に結びつくような仕事に就《つ》くには、他のいろいろなものをすることはできないわけです。

したがって、そこまで行かないのはしかたがないにしても、何とか、共通ベースのところは練り上げ、そこから発想できるような人間になってほしいのです。そして、常に原点に立ち返って、自分の学問を、もう一回、考え直してみるのです。先ほど、「動機が善であるか」「私心がないか」ということを述べましたが、別の言い方をすれば、「神仏の目から見て、自分のやろうとしていることは正しいのか」「自分の学問研究や職業の成就《じょうじゅ》は、はたして正しいことなのか」ということです。

例えば、単に、「お金儲けをしたい」というだけであれば、極端な話、銀行強《ごう》盗《とう》をしても、お金儲けすることはできます。「銀行強盗をすればお金儲けができる」と考えるのであれば、「ライフル協会にでも入って、銃《じゅう》の撃《う》ち方を練習しよう」とか、「まずは警察官になって、射撃《しゃげき》を練習し、警察の動きを学んでから、強盗になろう」とか考えたりする人もいるかもしれません。

しかし、そういうことでは困るのです。やはり、元なる道徳律がなかったら、職業としては「何でもあり」になってしまう恐《おそ》れがあります。この世的な技術や情報に基《もと》づいてできることが増えてきているとは思いますが、そこには、「根本《こんぽん》なるもの」がなければいけないのです。

日本の民主主義を動かしているマスコミに関しても、同じことが言えるでしょう。「ただ、知識・情報だけで、人の心を操作できる」と思っているならば、暴走を招き、国の破滅《はめつ》を招くことだってありえるわけです。「『記事を書いて、売り上げを伸《の》ばそう』という思いのもとにある動機は善か。そこに私心はないか。この国に対し、本当に『よかれ』と思ってやっているのか。単に、『給料が増えればよい』とか『この号が売れればよい』とかいうことだけでやっていないか」というようなことを問う学問があってもよいのではないかと思います。

5　宗教を大学で教える意義とは

C――　本日はありがとうございます。「学校法人において、単に、宗教法人としての教義を教えるのはいかがなものか」という意見があります。「学校法人であれば、宗教法人の特色ではなく、もっと公共性を前面に打ち出す必要があるのではないか」という意見もあるようですが、そのあたりについてはいかがでしょうか。

科学の発達とともに「教義の見直し」を迫《せま》られるキリスト教

大川隆法　例えば、キリスト教においては、その教義と現在の科学とがぶつかっている面はそうとうあります。

　カトリックの教義から見ても、「ガリレオやコペルニクスは正しかった」と認めるのに何百年もかかったり、フランスを守ったジャンヌ・ダルク等が聖人《せいじん》に列せられるのに何百年もかかったりしていますように、宗教と、この世的な学問や判断とでは、違《ちが》うものがあります。

「地動説が正しいかどうか」ということは、『聖書』の記述によるのではなく、やはり、実験・観察によって判定されるべきものでしょう。現実に、宇宙に出られるようになれば、それはもはや、迷いもなく分かることです。

　ここ何百年かは、そういうところで生じる矛盾《むじゅん》に対し、宗教が説明をしなければいけないということが、繰《く》り返し起きており、「科学が伸張《しんちょう》するにつれ、実は、〝隠《かく》れキリシタン〟的に、無神論・唯物論《ゆいぶつろん》のキリスト教徒も増えているのではないか」と思うのです。

表向《おもて》きは教会に行ったりしているように見える人も、そのほとんどが、お墓を確保するため、死んでから葬式《そうしき》をしてもらうためだけに行っているのであって、本当に信じているわけではなく、実学のほうでは無神論、唯物論的に科学を奉《ほう》じていることも、よくあります。

また、医学においても、神の摂理《せつり》とぶつかるものはたくさんあると思います。

キリスト教国に「好戦的な国家」が多いのはなぜか

大川隆法　それから、『聖書』の教えとは反するような軍事思想が、けっこう強固に出てきています。「なぜ、キリスト教国は、あれほど好戦的なのか」ということは、誰《だれ》もが分からないところでしょう。「左の頰《ほお》を打たれたら右の頰も差し出せ」というキリストの教えがあるぐらいなのに、なぜ、すぐに相手を攻撃《こうげき》してかかるのか、分からないところです。

それは、おそらく、彼らが『新約聖書』とともに『旧約聖書』も読んでいることの影響《えいきょう》があるのではないかと思いますし、ある意味での「政教分離《ぶんり》思想」が入っているところがあるからかもしれません。

例えば、「シーザーに税金を納めるべきか」と、イエスが問われたとき、税金として納めるコインに描かれた肖像《しょうぞう》を指して、「これは誰のものか」と問い返し、「シーザーのものはシーザーに、神のものは神に」と答えていますが、イエスには、そのようなかたちで、この世と宗教的なものを分けた面があります。

これも、政教分離のもとになっている部分かもしれませんが、その思想のなかには、ある意味での「逃《に》げ」があるとは思うのです。

そうした宗教解釈《かいしゃく》においても、現実の学問との整合性のところでは、ずっと戦いが続いているわけです。

宗教は「現在」と「未来」に対して力を発揮できるか

大川隆法　それは、キリスト教だけではありません。

イスラム教の場合、最近は特に、イスラム・テロが世界各地で多発していますが、あれだけ多いと、「過激派だけに問題がある」とはいえ、「やはり、イスラム教そのもののなかに、何らかの見直しが要《い》るのではないか」という疑問が出るのは当然でしょう。

「神の言葉であるからしかたがないのだ」と言っても、たまたま、「ムハンマドがメッカの大軍と戦い、軍事的にも勝利した」という歴史があるために、毛沢東《もうたくとう》ではありませんが、そうした「『手段としての軍事』というものを正当化する思想」がそうとう入っている部分があると思うのです。

そういう意味で、やはり、「イスラム教は、今、どこを変えていくべきなのか。

キリスト教社会や、それ以外の社会と協同していくためには、今、何を考えるべきなのか」と、実際の宗教はどうあるべきかについて考えていく必要があるわけです。

あるいは、中国のように、表向きに無神論・唯物論を立てているようなところでは、必ず、「人権弾圧《だんあつ》」が繰り返し繰り返し出てきます。どうしても、「人間機械論」的な思想が背景にあるからでしょう。

このあたりのことについて追究する必要を感じます。

やはり、現時点における、現在進行形のジャーナリスティックな問題についても、宗教が一定の意見を言える部分を持っていないと、宗教に基《もと》づく考え方によって修正を迫《せま》ったり、未来を変えようとしたりすることに、力を発揮できません。

道徳レベルだけで「正直さ」を学んだ者の〝悲劇〟

大川隆法　では、もし、宗教的な部分をすべて取り去ったら、何が残るでしょうか。

一つには、「道徳・修身のレベルまで狭《せば》めて行う」ということもあるでしょう。ただ、では、道徳はいったいどこから生まれたものでしょうか。たいていは、過去の、「偉人伝《いじんでん》」か何か、そのようなものだと思うのです。それが、すべてのものを包含《ほうがん》できるのかどうかです。

例を挙げれば、「アメリカの初代大統領ジョージ・ワシントンは、桜の木を切ったことについて、『お父さんに嘘《うそ》をついていた』と、正直に謝《あやま》った」というような話が美談のように伝えられていたわけですが、「あれは、子供向けの伝記に書かれた作り話であって、実際にはなかったことらしい」とも言われています。

道徳のレベルとしては、そういうものをつくったり出したりすることもできるでしょうが、どうしても人間色が強くなりすぎ、普遍《ふへん》性の出にくい面があると思うのです。

正直であるがゆえに、あるいは、道徳的でありすぎるがゆえに、逆に、悲劇を生むことだって、ないわけではありません。

これは、アフガニスタン紛争《ふんそう》での話ですが、アメリカの兵士たちの特殊《とくしゅ》部隊が、偵察《ていさつ》の途中《とちゅう》、山羊《やぎ》飼いの少年に会ったけれども、「少年だから、手を出しちゃいけない」と思って見逃《みのが》したところ、通報され、敵の待ち伏《ぶ》せに遭《あ》って壊滅《かいめつ》した事件がありました。

このように、「良心とは何か」「正義とは何か」というようなところについても、まだまだ深く探究する必要があるのではないかと思うのです。

同性婚《どうせいこん》・クローン人間などの現代的問題に宗教はどう答えるか

大川隆法　したがって、宗教や道徳、哲学《てつがく》、それから、倫理《りんり》、その他、戒律《かいりつ》等もあるかもしれませんが、このあたりのさまざまなものについて、しっかりと勉強していき、今、何が有効かを探究しなければなりません。

例えば、中国思想には、道教《どうきょう》や儒教《じゅきょう》がありますけれども、そのうちで、どの部分が有効なのか。墨子《ぼくし》や韓非子《かんぴし》の思想、あるいは、孫子《そんし》の兵法等、対立していた思想もたくさんありましたが、その善悪については、極《きわ》めて難しい問題があるでしょう。

こういうものに関しては、「一度、宗教的な部分も含《ふく》めてチェックし直さないと、実は、現在ただいまの問題についても解決できない」ということです。これが大きいわけであり、こういうものに対し、やはり、意見を言うことが大事だと思います。

西洋の価値観はキリスト教の思想に基づいてつくられてはいますが、その思想自体は、二千年続いた歴代の聖職者たちの思想の積み重ねの上に成り立っている部分があり、彼らが経験していなかった事態に対し、どのように対応すればよいのか、答えがない状態です。

最近のことで言えば、ローマ法王（フランシスコ一世）が南米に行かれたとき、同性婚《どうせいこん》問題等について訊《き》かれていましたが、それに対する正確な答えがあるわけではありませんでした。

あるいは、「人間をつくる」ということの問題が出てこようとしています。「はたして、人間は、つくってよいものかどうか」という問題です。羊ぐらいであればつくってもよいかもしれませんが、「人間を複製しても構わないかどうか」という倫理的問題も出てきます。

これらに対する答えは、やはり、過去の教えのなかにはありませんが、人間である聖職者が教えを解釈するだけで済むのかどうかです。

こうしたものについては、現在の宗教のなかから、何らかの価値観を出し、それが世の中に認められるようになるのであれば、一定の影響力を持つこともありえるでしょう。

そのようなわけで、間違った思想が広がることもありますけれども、必ずしも、それだけではないということです。

「言論の自由」「出版の自由」と「信教の自由」の類似《るいじ》点とは

大川隆法　今、日本国憲法において、一般《いっぱん》的には、「言論・出版の自由」が認められています。これについても、「本当は、正しい言論であってほしい。正しい内容のものを出版してほしい」という気持ちがある一方で、「自由であることによって、人間への過《あやま》ちが起きることも数多くあるだろう」ということも予想されます。

ただ、「言論の市場を自由にしてそれぞれを戦わせたら、大勢の人の目があるため、最終的には、自由な思想マーケットのなかで淘汰《とうた》が起こり、より正しいものが残っていくのではないか」という善意の推測のもとに許されているわけです。

同様に、宗教思想はいろいろとあっても構わないでしょう。それが「信教の自由」だと思うのです。また、それに対し、他者にあまり危害を加えない程度の、言論的なもので納めるかたちでの批判等は、あってもよいでしょう。要は、さまざまな宗教が自由競争をするなかで、「いかに多くの人を惹《ひ》き付けていくか」というところが大事なのです。

このように、「言論の自由」「出版の自由」と「信教の自由」には、似たところがあるのではないかと思います。

もちろん、世の中には、間違った宗教によって、国自体が覆《おお》われてしまい、それが悪質化して、テロ国家のようになる場合もあるかもしれませんが、その場合には、他国との衝突《しょうとつ》や、国民によるクーデターなど、さまざまなものが待っていて、歴史の書き直しが行われるものだと考えます。

宗教を背景にした教育で「よき動機と目的」を持った人間を

大川隆法　それから、「学問的には、宗教が社会に影響を与《あた》えないほうがやりやすい」というような考え方もあるでしょう。

ただ、すべてを現状維持《いじ》のなかで考えていくのであれば、それでも構わないのですが、学問のミッションとして、「世界を正しい方向に発展させたい」という願いを付け加えるならば、一定の価値判断を伴《ともな》う考え方から無縁《むえん》ではありえないでしょう。

キリスト教の学校は、日本においては、例えば、「英語教育が強い」というようなことで、大勢の人を集めていますが、「信者になる人は半分ほどしかいない」と言われています。それでも、何がしかのキリスト教的価値観を植え込《こ》もうと努力なされているのだろうと思うのです。「英語がうまくなりますよ」というかたちで行いながら、実際には、キリスト教的価値観を少しずつ染《し》み込ませようとしているのでしょう。

そういう意味で、学校の経営においては、「社会的に、非合法・不正なことが行われる恐《おそ》れはない」という前提の下《もと》、世の中をよりよき未来へと導いていくミッションを持った宗教がバックグラウンドにある経営がなされることによって、そうした「よき動機」と「よき目的」を持った人間を育てることができるのではないかと思います。

また、これを遡《さかのぼ》れば、「小・中・高校における、学校でのいじめ事件や、いじめによる自殺の解決、あるいは、学級崩壊《ほうかい》の解決への糸口にもなる」と考えています。

6 「新興宗教は学問ではない」という意見への反論

A――　前の質問に関連した内容についてお伺《うかが》いします。宗教の捉《とら》え方として、次のような考え方があります。「キリスト教や仏教は、『学問』である。しかし、新興宗教は、『教義の布教《ふきょう》』である。それは、まだ、『学問』とは呼べない」こういうものの考え方に対し、どのように啓蒙《けいもう》していったらよいかについて、お伺いしたいと思います。

世界宗教であっても発祥時《はっしょう》には「新宗教」だった

大川隆法　あらゆる宗教は、できたときには新宗教であったわけです。現在は大きくなって世界宗教化しているものでも、その発生時においては、極《きわ》めてカルト性の強いものであったことは否《いな》めません。したがって、当然、同時代の人には判断できないこともあると思われます。

キリスト教も、一定の広がりを見せましたが、最後は「教祖の処刑《しょけい》」という終わり方をしています。あれは、結局、ローマ軍が処刑したのではなく、ユダヤの民衆によって処刑されたわけです。あるいは、「ユダヤの神を冒瀆《ぼうとく》するものだ」という宗教的理由により、旧《ふる》い宗教によって処刑されたと考えてもよいものでしょう。

ただ、それで消えていれば、それまでだったわけですが、消えませんでした。

ユダヤのなかでは広がらなかったものの、歴史のなかで、国外に広がり、さまざまな国で信じる人が増え、だんだんに市民権を得てきたものだと思うのです。

同じように、正しい宗教も幾《いく》つかあったはずですが、弾圧《だんあつ》されて消されていったものは数知れずあるでしょう。これについては、しかたがありません。天上界《てんじょうかい》から撃《う》つ〝弾《たま》〟の全部が当たるわけではないのも当然です。

そういう意味で、あらゆる宗教は、それが起きたときには新宗教であり、幾分かカルト性を含《ふく》んでいたものであるわけです。

イスラム教の聖典《せいてん》『コーラン』は「霊言《れいげん》」が出発点

大川隆法　今、幸福の科学が教線を伸《の》ばし、さまざまな活動をしていることに対し、「いかがわしい」というように考える方もいるかもしれません。

特に、霊言集《れいげんしゅう》等が多用されていることについては、「『霊が語った』などと言っているが、本当かどうか怪《あや》しい」と見る方もいるでしょう。しかし、イスラム教の基本教義は『コーラン』ですが、これは霊言から始まっているものなのです。

ムハンマドは、ヒラーの洞窟《どうくつ》でガブリエルに、「誦《よ》め、誦め」と締《し》め上げられたところから、霊言ができるようになりました。それを奥《おく》さんが信じ、最初の信者となったのです。つまり、イスラム教は、霊言から始まっているわけです。

そのガブリエルを通じて降ろされたアッラーの霊言は、最初は身内を中心に広がり、それがだんだんに経典《きょうてん》化され、宗教が出来上がっていったのです。それは、もちろん、弟子《でし》の力も加わってのことではあるでしょう。

「多神教との戦い」のなかで勢力を伸《の》ばしたイスラムの歴史

大川隆法　ところが、ムハンマドの生まれたメッカという所は、エジプトの影響《えいきょう》やギリシャの影響もあってか、もともとは多神教であり、さまざまな神々を信じる所だったため偶像崇拝《ぐうぞうすうはい》をしていました。「偶像」という言い方は、あまり好ましくは思わないのですが、神の似姿《にすがた》を拝《おが》む習慣を持っていたのです。これらのものへの対抗《たいこう》の面はあったかもしれませんが、一神教で、「偶像崇拝をしない」というような思想を出したために、メッカの人たちは怒《おこ》りました。

特に、ムハンマドの所属していた「クライシュ族」という名門の一族は、非常に怒ってムハンマドを迫害《はくがい》しましたが、あまりにもすごい怒り方というか、迫害の強さに、ムハンマドはメッカから北のほうのメジナに逃《に》げました。これが「ヘジラ」（聖遷《せいせん》）というものです。ここで、もう一回、勢力を立て直すべく、地元で伝道していきましたが、やがてメッカ軍と戦わなければいけなくなるわけです。

ムハンマドは、塹壕戦《ざんごうせん》等を編み出し、十倍の敵を破ったりして、最終的に、戦争には勝ちましたが、それからしばらくして亡《な》くなるかたちとなりました。

ちょうど、戦国時代の「天下統一」と似たようなことと、「神の教えを伝える」

という宗教的なこととが一体化してしまった時代に、そういうことがありました。

要するに、少数派であるために弾圧を受けていたのですが、結局は、イスラム教のほうが残り、多神教は滅《ほろ》ぼされていったのです。それで、ギリシャ・ローマの神々からエジプトの神々まで消えていった歴史があるわけです。

ただ、イスラム教がインドのなかに入りきることはできませんでした。インドの民族宗教であるヒンズー教は多神教であるため、インドをすべて帰依《きえ》させることができなかったのです。

やがて、一神教のイスラム教を奉《ほう》じる一部の人々がパキスタンとして独立しましたが、ヒンズー教の十億の民《たみ》は帰依しなかったわけです。

これは、インド・パキスタン戦争の例です。

いずれにしても、物事の始まりにおいては、みな、なかなか〝いかがわしい〟面もあったかと思います。

日本でキリスト教が「人口一パーセント」以上にならない理由

大川隆法　江戸《えど》時代に、キリスト教の宣教師が日本に流れ着き、新井白石《あらいはくせき》等がいろいろと取り調べたことがありました。

その耶蘇《やそ》教、つまりキリスト教の宣教を聞いてみると、要するに、「『神の独《ひと》り子《ご》』というものが生まれ、されこうべの丘《おか》で十字架《じゅうじか》に架かって殺された。この人を『神の子』だと信じなさい」という教えでした。

これは、日本人の宗教観からすると、あまりにもバカバカしい話で、「こんな弱い神はありえない」と断じられています。

「これは、日本でいえば、菅原道真《すがわらのみちざね》のような祟《たた》り神になるしかない類《たぐい》の生涯《しょうがい》である。そんなものが世界宗教になるなどということはありえない。日本においては、神とは戦《いくさ》で勝たなければならないものなのだ。戦に負けた人を祀《まつ》ることもあるが、基本的には、祟り神を封印《ふういん》するために祀っているのだ。したがって、そのようなものが、『大きな力を持った神であり、その神に祈《いの》れば何でも叶《かな》う』などという思想は、あまりにもうさんくさい」

江戸時代においても、そのように判断されています。

明治以降、これだけ文明開化しても、キリスト教徒が人口の一パーセント以上は増えない理由としては、そうした日本の伝統的な宗教観があるからだと思います。

そういう意味で、宗教については、一定のバリアがあるため、難しいものがあります。

人々の支持を得た新宗教が「社会性」を持ち始めるとき

大川隆法　「その宗教が狂気《きょうき》を含んでいるものかどうか」という判断は、社会的危険性に対するチェックとして、当然、働くべきだとは思いますが、それが一定のパーセンテージを超《こ》えた人々の支持を得るようになったら、「社会性」を持ち始めたことを意味します。

そうであれば、そのなかから「学問」が生まれたり、「政治的活動」や「経済的活動」が生まれる基盤《きばん》になったりすることは、おかしいことではありません。

キリスト教は、種子島《たねがしま》に鉄砲《てっぽう》が伝来して以来五百年、日本で伝道し続けて、いまだに「一パーセントの壁《かべ》」が破れず、信者数がなかなか百万人を超えられないでいます。

そのなかで、例えば、幸福の科学が母体となって幸福実現党を立党し、現時点で「候補者が数パーセントの得票率を取れる」ということであれば、日本でキリスト教が政党をつくったとしても、おそらくそれ以上のものではないと推定されます。

したがって、「幸福の科学が一定の社会的容認を得る基盤は、すでに出来つつあるのではないか」と考えます。もちろん、それを信じるか信じないかは別でしょう。

いずれにしても、「日本には大学が一つしかなく、そこを通る以外に就職の道がない」というならば、それは強制的なものになります。しかし、「学校選びの自由」が確保され、それを選べるという前提があるならば、「信教の自由」に「学問の自由」も加わってよろしいのではないかと思います。

「人材を輩出《はいしゅつ》する学校」であるかどうかは世の中が判定する

大川隆法　あとは、「その学校の卒業生たちが、世の中のお役に立つかどうか。企業《きぎょう》等に勤めても、きちんとした判断や見識を持って仕事ができるかどうか」ということは、就職してから退職するまでの数十年間、ずっと見られ、判定されていくことでしょう。

人気がなければ、やがて採用もストップし、そこの卒業生は就職できなくなっていきますし、人気があれば、「採用したい」というところが増えていくと思います。

先ほど、「『言論の自由市場』が、最終的には良質なものを確保してくれる」と述べたのと同様に、「ある宗教を信じていることは正しいかどうか」という判定もあるかと思いますが、それは、そうした雇用《こよう》市場や、企業の人材採用・育成戦略のなかで淘汰《とうた》されていくのではないでしょうか。

そのように、「試《ため》しの機会はまだまだあるのではないか」と思います。

7 「教養」を身につけることの大切さ

D──　ありがとうございます。

本日の冒頭《ぼうとう》では、大学から輩出《はいしゅつ》されていく人材として、「社会のリーダーになるべき専門性と教養を身につけた方が出てきてほしい」というお話もありましたが、そこでイメージされている「教養」とはどういったものであるかを、もう少し具体的にお教えいただければと思います。よろしくお願いします。

「世界標準」で物事を考える人となるために

大川隆法　この世の中では、さまざまなことが行われていますが、それらのことについては今のところ、新聞やテレビ、週刊誌、インターネットなどを通じて知るしかありません。私たちは、日々、溢《あふ》れるほどの情報に接し、シャワーのようにさまざまな情報を浴びていますけれども、それらに対し、何らかの判断をしなければいけないわけです。

そのなかで、「教養の果たす役割」とは何でしょうか。

それは、「現在ただいま流行《はや》っているかどうか」ということだけで物事を見るのではなく、「過去、さまざまなことのあった歴史が、どのようになっていったか」ということを掘《ほ》り下げて勉強することによって、「正しさとは何か」「良識的なるものとは何か」「動機や目的の善なるものとは何か」といったことを判断できる程度の心境を身につける役割があるわけです。そうした基礎《きそ》勉強をさせるということです。

もちろん、「世界標準で物事を考える」ということは、そう簡単なことではありません。日本的正義と国際的正義は違《ちが》うかもしれないし、違う判断をするかもしれません。

その意味では、「幸福の科学大学の学生には、国際的なさまざまな考え方、言語や習慣等に触《ふ》れてみる機会も、できるかぎりつくりたい」と考えています。

外国ではどのように考えているのかを知るには、「百聞《ひゃくぶん》は一見《いっけん》にしかず」で、実際にホームステイをしたり、海外旅行をしたり、留学したりしてみる部分も出てくるでしょう。そうした機会を通じて、ほかの宗教の洗礼を受けている外国人のものの見方や考え方も学び、その上で、「『日本的な良識』は、真に正しいか。通じるものかどうか」というようなことも検証していきたいと思います。

テロ事件に対する日本の「人命至上主義」は世界で通用するか

大川隆法　例えば、今年（二〇一三年）も、年初からテロ事件が相次《あいつ》いでいますが、「はたして、日本的な価値判断や発信は正しいものか。世界的に通用するものか」ということは、やはり、日本のなかだけで考えても分からない部分がありますす。日本人には、外国の対処の仕方に理解できない面があるのではないでしょうか。

一月には、アルジェリアで人質《ひとじち》テロ事件がありましたが、ゲリラに人質を取られ、「人間の盾《たて》」にされて、数多くの尊い方が亡《な》くなりました。これに対して軍隊が急襲《きゅうしゅう》すれば死者が出ることは、当然、分かっていることですが、日本の側から、「人命尊重第一です」と言われたら、結局、何もできなくなって、ゲリラ側の要求をのむ以外に道がなくなります。つまり、人質になっている人の命を保証すると同時に、ゲリラの命も保証することになるわけです。

もし、これが許されるならば、銀行強盗《ごうとう》などが、「命が惜《お》しいだろう」という理由で人質を取ったら、その段階で、犯人の勝ちになってしまいます。今、アメリカでも強盗が流行っていますけれども、さらに頻発《ひんぱつ》するかもしれません。誰《だれ》でもガン（銃《じゅう》）を持てる国ですので、もっともっと出てくるようになるでしょう。

そのため、「悪いことをした者には、それなりの厳しい結末が待っている」ということを見せて、そういうものを抑止《よくし》しようとする、一つの判断が出てきているのです。

そうした考え方は、現在の日本的なものには合わない部分もありますが、現に、「国際的にはある」と知るのは大事なことです。

それを知らずして、ただただ、「乱暴ですねえ」と言うだけだったり、「人が死んだのは残念です」としか言えなかったりするのには、悲しい部分があります。やはり、「それを許してもよいか、悪いか」という観点があるのです。（『政治革命家・大川隆法』『イスラム過激派に正義はあるのか』〔共に幸福の科学出版刊〕等参照）

「宗教の平和思想」と「国際紛争《ふんそう》の現実」をどう考えるか

大川隆法　宗教のなかには、「人が死んではいけない」と考えるところもあります。仏教なども、そのように解釈《かいしゃく》されている面はあるでしょう。

ただ、それだけでは、悪を増長させる面もあるわけです。そこで、今では、例えば、『TIME《タイム》』誌等に、「東南アジアのミャンマーやタイなどでは、イスラム過激派に占拠《せんきょ》されないようにするため、とうとう、仏教僧《そう》が武装し始めた」といった記事も掲載《けいさい》されるようになっています。

仏教の思想からすれば、「武器を取って戦う」というような発想はなく、アヒンサー（不殺生《ふせっしょう》）であるわけですが、現実問題として、何もしなければどうなるでしょうか。

要するに、イスラム過激派に、銃でもって脅《おど》されて、すべて破壊《はかい》され、殺され尽《つ》くして、仏教は滅《ほろ》びるだけであるならば、やはり、「自衛の範囲《はんい》内で自分たちを守りたい」という考え方も出てくるでしょう。そしてまた、それに対し、「仏教のテロリストが出てきた」というような判断をする人も出てきます。

このような「思想の戦い」が、当然、出てくるわけですが、ただ、こうしたことを勉強していくことが大事なのではないかと思います。

「幸福の科学は、仏教思想の流れを引いている」と言いつつも、なぜ、「国際紛《ふん》争《そう》においては、邪悪《じゃあく》なるものが有利になるような考え方をしてはいけない」という考えを出しているか。それは、やはり、「仏教の足りざるところを反省している」ということです。

この世をよりよき社会にしたいですし、「善なる人が繁栄《はんえい》し、悪なるものは衰《すい》退《たい》していく」という流れが正しいと思います。「悪なるものが、より凶悪《きょうあく》であればあるほど繁殖《はんしょく》する」という思想では困るのです。

その意味で、私たちは、平和的手段を主力として、思想戦・言論戦から入っていこうとしていますけれども、やはり、「悪なるものを押《お》しとどめ、善なるものを推《お》し進める」ということが極《きわ》めて大事であると思います。

8 「未来産業学部」が拓《ひら》く未来とは

E――　本日はありがとうございます。

幸福の科学大学で予定されている学部のなかで、まだ触《ふ》れられていない「未来産業学部」についてお訊《き》きします。

一般《いっぱん》的に、「宗教と科学は対立する」という考え方があります。特に、信仰心《しんこうしん》が強い方ほど、反発することが多く、そこが軋轢《あつれき》になっていることがあると思うのですが、幸福の科学大学では、ただの理工学部などではなく、「未来産業学部」という新しい名前の理系学部をつくろうとしています。その点について、どのようにお考えなのかをお教えいただければと思います。

近・現代に見られる「宗教」と「知識」の戦い

大川隆法　考え方のもとは、「未来がさらによりよくなる」ということです。

幸福の科学の基本教義のなかに、「愛・知・反省・発展」からなる「四正道《よんしょうどう》」という四つの原理が中心にありますが、まずは「正しき心の探究」という考え方があります。「正しき心を探究しましょう」ということは、宗教的に言えば当たり前のことであり、一生懸命《いっしょうけんめい》に反省したり、禅定《ぜんじょう》したりしながら、「正しい心」、つまり、「神仏と同通するような心」を持つように修行《しゅぎょう》することが課題となります。

そして、その具体的展開として、「正しき心の探究のチェックポイントである、四つの原理をめざしましょう」ということで、「愛の原理」「知の原理」「反省の原理」「発展の原理」が入っているわけです。

「愛の原理」は、「世の中を利していこう」「他の人たちを愛していこう」という考え方です。「セルフィッシュ（自分本位・利己的）な考え方を捨てて、他の人を愛していきましょう」という、この考えは、今、世界性を持った宗教には数多く見られる思想で、かなりのグローバル性があるだろうと思います。

もちろん、「自分のところだけが大事で、ほかはすべて敵だ」というような考えも、世の中にはあると思いますが、グローバル性がある宗教や思想は、基本的には、だいたい、こういう傾向《けいこう》を持っているでしょう。

それから、「知の原理」ですが、今の質問は、ここのところと、やや関係があるのではないかと思います。

確かに、宗教のなかには「知識」を嫌《きら》うものもあり、「知識は人間を悪くする」という考え方があるのです。つまり、いろいろなことを知りすぎた人は、疑いの心を持って、猜疑心《さいぎしん》で物事を考えてしまうことがあるからでしょう。

「大学を出たバカほど、どうしようもないバカはいない」という言葉もあるように、「田舎《いなか》の両親は学歴がなくて信心《しんじん》深かったのに、子供を東京の大学に出してみたところ、もう唯物論《ゆいぶつろん》でガチガチの、とんでもないバカになって帰ってきた」というようなことがあるわけです。

要は、知識が、そうした信仰心や素直《すなお》な心を妨《さまた》げてしまい、「善なるものを求めたりするのはバカバカしい」とか、「お金にもならないことを、何でやるんだ」とかいうことになるのでしょう。

それで、例えば、奉仕行《ほうしぎょう》などについても、「奉仕なんてバカバカしいじゃないか。お金ももらえないのに、対価なくしてやるなど、そんなバカなことはできない。神様なんて目に見えないものを相手にしても、しかたがないじゃないか」などと言うわけです。

そのように、知識が増えることで理屈《りくつ》っぽくなり、そういう信仰心的なものや道徳的なものを排除《はいじょ》していく傾向があるために、それを否定する宗教がけっこうあったと思いますし、今もあるだろうと思います。「むしろ、そういう知識は排除し、もう、心を空《から》っぽにして、真っ白にしたほうが、神様の言葉が降りたり、ご先祖様や高級霊《れい》の言葉が降りて、宗教的になれるのだ」という考えは、今もあるのではないでしょうか。

ただ、その考え方のなかには、やはり、「過去世《かこぜ》返り」「昔返り」の思想が、どうしても入ってくることがあるのです。

ちなみに、私が子供のころの時代には、両親などは、もっともっと迷信深《めいしんぶか》かったような感じがします。

カレンダーを見て、「今日は悪い日だから」とか、「大吉《だいきち》の日だったら結婚式《けっこんしき》を挙げてもいいけど、今日は仏滅《ぶつめつ》だ」とか、「今日は友引《ともびき》だから、また悪いことが起きるといかん」などと言い合ったりしていましたので、そういう想念《そうねん》にとらわれる面も、けっこうあったと思うのです。

一方、学問をした人は、そういうことを、だんだんと聞かなくなってくるようになります。このへんの〝戦い〟は、近・現代では、かなりあったのではないでしょうか。

過去のなかに「未来への遺産」もある

大川隆法　東京大学の日本人初の哲学《てつがく》教授で「近代日本哲学の父」と呼ばれた、井上哲次郎《いのうえてつじろう》博士も、やはり、「迷信のようなものからの脱却《だっきゃく》」を言っていたように思います。哲学というのは、一種の合理的な思想であるわけで、「江戸《えど》時代までの宗教的な迷信を排除しなければ駄目《だめ》なのだ」などといった考え方を、おそらく持っていたと思います。

確かに、その考えは分かるのです。

文明開化の話には、よく、すき焼きのことなどが出てきますけれども、江戸時代までは、「牛の肉を食べたら、角《つの》が生えてくる」などという考えが横行しており、怖《こわ》くて食べられなかったわけです。

肉が食べたくても、「四本足で歩き出したり、角が生えたりしたら困る」ということがあったり、ウサギを食べるのにも、「鳥」だと称《しょう》したりしていました。「獣《けもの》ではなくて鳥なのだ」ということで、いまだに、ウサギを一羽《わ》、二羽と数える慣習があります。

そういったものは当時の名残《なごり》ですが、「西洋人は肉を食べている。だから、その真似《まね》をしなければいけないのだ」ということで、本当に角が生えてこないかどうか、恐《おそ》る恐る食べていたのが明治の時代なのです。

したがって、その時代に大学で教えていた人が、「そういう迷信を排除しないと、啓蒙《けいもう》時代が訪《おとず》れない」と思ったことには、一定の合理性があるだろうと思います。

ただ、それも行きすぎて、そういう神秘的なるものや、神仏に向かう心のなかの善なるものまで完全に否定するようになるのは、よくないことです。

例えば、キリスト教の日曜教会等で教わることと、学校で教わるダーウィニズムの進化論とが矛盾《むじゅん》するので、アメリカの州によっては、「『聖書』に反する」ということで、ダーウィニズムの進化論を教えることを禁止する法案を通そうとしているところもあります。

それから、『聖書』によれば、人類の起源はアダムとエバに遡《さかのぼ》るわけですが、「計算すると、どうも、紀元前四千年ぐらいではないか」など、いろいろ意見はあるわけです。

しかし、どうも、それより古い化石がたくさん出てくるので困っているのでしょう。考古学によれば、それよりも古いものが出てきますし、エジプト王朝はもっと古いために困っています。

ただ、こういう問題は、たくさんあるのですが、問題があると知りつつも、宗教は、必ずしも、過去に返っていく〝バック・トゥー・ザ・フューチャー〟だけではなく、実は、「過去のなかに未来への遺産もある」ということを見つけ出していくことでもあるわけです。

やはり、「未来に引き継《つ》いでいくべきものは、大事に守っていかなければいけない」ということです。

「医学は無神論・唯物論《ゆいぶつろん》であるべき」という考えは偏見《へんけん》

大川隆法　幸福の科学は、その名前にも表れているように、最初から、理系の信者もけっこう入ってきているのですが、大学で理系の学問をした場合には、やはり、どうしても無神論的、唯物論《ゆいぶつろん》的になる傾向があります。

ただ、医学であっても、必ずしも、「無神論・唯物論でなければいけない」という理由はありません。病人を治したり、貧困《ひんこん》で環境《かんきょう》の悪い人たちを救ったりする活動のなかには、宗教的な活動が、そうとう入っています。だから、神仏の救いと一体化したものがあるのです。

西洋では、ナイチンゲールによるクリミア戦争での活躍《かつやく》などが有名かもしれませんが、日本でも、ずっと昔の光明《こうみょう》皇后の時代に、やはり、病人たちを治すための施設《しせつ》をつくったりしていますから、そういう活動は現にあったわけです。

そのように、信仰深い人がそうした行為《こうい》をすることはあるわけですから、「医学に信仰が入るのはおかしい」という考えは、やはり、一種のドグマというか、偏見《へんけん》だと思うのです。「人を救いたい」という気持ちのなかに信仰が入っても、全然おかしくありません。ただ、「教科書にできないために入らない」というだけのことなのでしょう。

当会には、理科系でも来ている人が多いのですが、例えば、医学であれば、「愛の心」や「病気治し」といった救済の部分は、宗教に付きものですから、そういう伝統的なものも、やはり、入っていると言えます。

宗教的秘儀《ひぎ》による「宇宙情報の獲得《かくとく》」が未来科学への鍵《かぎ》

大川隆法　また、科学のところでは、「宇宙の問題」がかかわってくることも多くあります。やはり、最先端《さいせんたん》は、宇宙の部分だと思いますが、日本での開発は、そうとう後《おく》れています。

最近、「イプシロン」という、小さな安いロケットが飛んだところですが、有人飛行を行っている他の国に比べれば、日本の科学技術は、そうとう後れています。それは、やはり、予算を惜《お》しんでいることや、はっきりとした目的があまりないことなどが関係していると思います。

一方、アメリカやロシア等では、現実に、「宇宙探索《たんさく》をするに当たっては、超《ちょう》能力者《のうりょくしゃ》等も使っている」ということが報告されています。

いわゆるリモート・ビューイング（遠隔透視《えんかくとうし》）ではありませんが、「どの星に行けば、そういう効果があるか」というようなことを、一見、宗教的な、あるいはサイキック的なものも使って探索するのです。

つまり、「ああ、ここには生命体がいそうだ」とか「生命体の痕跡《こんせき》がある」というようなことが事前に分かれば、この世的には、宇宙開拓《かいたく》のコストが安くなるわけです。宇宙にあるすべての星を調べるようなことは、とてもできませんから、「ここに生命体のいる可能性がかなり高い」という所を、あらかじめ絞《しぼ》り込《こ》んで、コストを抑《おさ》えているのではないかと言われています。おそらく、その可能性は高いでしょうが、そのあたりのことは極秘《ごくひ》にしていることが多いと思います。

幸いにして、当会の宗教的秘儀《ひぎ》のなかにも、そうした宇宙関連のものをいろいろと調べる部分があります。ここが誤解を受けやすいところであるのかもしれませんが、もし、宗教的秘儀のなかで、宇宙のさまざまな情報を取れる方法があるならば、それは、未来の科学にとって、時間を短縮して進化させる原動力になる可能性は高いでしょう。

もっと分かりやすい、具体的な例を言えば、一九八八年ごろに、私は、『新ビジネス革命』という本を出しましたが、そのなかで、未来のビジョンとして、「未来は工場のなかで野菜がつくられている」「野菜工場というものができている」というようなことを書きました。

すると、それを電車のなかで読んだ高校生が、二十年後、工場のなかで野菜をつくる技術を発見し、実際に野菜工場をつくったのです。本を読み、「未来がそうなるならば、そういう研究をすれば成功するんだ」ということが見えたので、それを実行したら、現実に成功し、今、事業として広がりつつあるわけです。これは、世界の食糧《しょくりょう》問題を解決する、非常に大きな鍵《かぎ》となる可能性もある技術です。

もちろん、そうしたもののすべてが正解というわけにはいかないかもしれませんが、「未来にどのような可能性があるか」ということを、宗教的にもいろいろとヒントを得ながら、科学と協力して進めていくことも可能なのではないでしょうか。

他の先進国に比べて宇宙情報が閉《と》ざされている日本

大川隆法　このあたりのことは、日本が非常に立ち後れている部門であり、いわゆる宗教的な部分といいますか、超能力的な部分や宇宙人関連の情報については、政府も微々《びび》たる情報しか持っていません。一方、アメリカやロシアや中国等の〝先進国〟は、かなり持っているらしいということが分かっています。

例えば、去年、ロシアのメドベージェフ氏が大統領を交代するにあたり、「ロシアの大統領になるときには、エイリアン情報についての引き継ぎがある。いわゆる〝Xファイル〟が渡《わた》されるのだ」と言ったという話が残っています。

これは、その部分だけカットされたりしたことが多かったため、大きくは報道されませんでした。あるいは、その発言が冗談《じょうだん》か本気か分からなかったからかもしれませんが、一国の大統領を務め、首相をしている方が言っていることですので、まんざら嘘《うそ》でもないと思います。

また、アメリカでも、過去、大統領が交代になるたびに、「今度こそ、NASA《ナサ》が宇宙情報を公開するのではないか」というような期待が、何度も何度も語られています。しかし、これは、隠《かく》しておいたほうが軍事的に優位に立てるために、あえて隠している部分もあるのでしょう。

一方、日本では、「もし、JAL《ジャル》やANA《アナ》などの操縦士やキャビン・アテンダント等が未確認飛行物体を見たとしても、記録には残さないし、話さない」というようなことが言われています。なぜなら、そういうことを一生懸命に話した人は、地上勤務にされ、飛行機に乗せてもらえなくなるため、たとえ何か見たとしても話さないのです。「幻想《げんそう》を見た」「一種の精神病になってしまった」などと言われ、もう操縦ができないことにされてしまうので、何も見なかったことにして、隠されてしまうわけです。

こういうことがあるために、日本では、本当に情報が集まっていませんし、有効に活用されていない面があるように思われます。このあたりのことについても、やはり、どこかで楔《くさび》を打ち込み、開《あ》けていかなければいけないのではないでしょうか。

「未知なるものへの挑戦《ちょうせん》」を学問レベルまで高めたい

大川隆法　「未知なるものに挑戦《ちょうせん》していく」ということは、何百年か前の科学者と同じ立場かもしれません。

かつて、「土星に輪がある」「木星に衛星がある」「地球が太陽の周りを回っている」「地球が自転している」などというようなことは、一般の人には信じられないことだったでしょう。

「地球が自転していたら、すべてのものが落ちてしまうはずだし、『ものすごい速度で回っている』なんて、そんなバカなことは信じられない。そうであれば、暴風が吹《ふ》いているはずだが、私たちは吹き飛ばされていないのだから、そんなことはありえない」と思ってしまったのでしょうが、あとで、そのありえないことのほうが事実だったと分かるわけです。

そのように、かつて、そういうことに挑戦した科学者もいたのですから、今、「新しいことに挑戦しよう」とする者がいてもおかしくありません。それが異端視されたり、多少、偏見を持って見られることがあっても、しかたのない面もあるでしょう。

ただ、そこに、一定の宗教というものがあることによって、そうした研究の自由が、「学問の自由としても守られる部分」があるのではないかと思うのです。

したがって、未来産業において、それが「正しいか正しくないか」「よいものかどうか」ということについては、やはり、その〝果実〟で判断されるべきことです。もし、そこで発見され、育成されるテクノロジーが、未来の社会にとってプラスになるものを生んでいくのであれば、結果的にはよい方向だったと考えてよいのではないでしょうか。

昔であれば、「『地球は丸く、自転している』などと言うと、人々が混乱と恐怖《きょうふ》に陥《おちい》るから、教えてはいけない。そんなことを言う人は火あぶりにしなければいけない」という主張が通ったかもしれません。

しかし、今は逆に、日本がタブー視しているものについて、一生懸命に斬《き》り込んでいって調べようとする姿勢のあるものに対し、応援《おうえん》することも必要なのではないかと思うのです。

その際、エスタブリッシュメントであるところの、政府や大企業《だいきぎょう》、あるいは、すでにある大学などに、それを応援する気がないのであれば、それだけの勇気を持つものが出てきてもよいのではないでしょうか。そして、それを、学問にまで高めていく可能性もあるのではないかと考えている次第《しだい》です。

9　新時代のリーダーに「宗教」は必須《ひっす》科目

F――　ありがとうございます。

世間《せけん》では、「『宗教学』は実学ではない。実用主義には遠い」というように思われており、「宗教学科を卒業した人は実社会で役に立たない人材」と思われがちです。

一方で、幸福の科学大学では、宗教を深く勉強しながらも、新しい時代、新しい社会のリーダーを輩出《はいしゅつ》していくことをめざしていると思います。

ただ、今の日本人で、宗教を勉強してリーダーとなっている人は少ないように思いますし、具体的にどういうリーダーが輩出されていくのかを考えても、大川総裁のような方をもとに想像すると、あまりにも巨大《きょだい》すぎますので、身近な人物像としては、どういう人になるのか、なかなかイメージすることができません。

そこで、「宗教を勉強すると、社会的にはどのようなリーダーになれるのか」ということをお教えいただければ幸いです。

宗教的素養を持っていた歴史上のリーダーたち

大川隆法　それに関しては、本日の冒頭《ぼうとう》で述べたことにも関係すると思います。

基本的に、欧米《おうべい》のリーダーの多くはキリスト教の勉強をしています。すなわち、あちらの国々において「宗教心がない」ということは、実は、リーダーの条件から外れることなのです。そのため、たいていの人は、当然、『聖書』の勉強をしています。

ユダヤ人にはノーベル賞受賞者が数多くいますけれども、「小さいころから

『旧約聖書』などを一生懸命《いっしょうけんめい》に読んでいることが、創造性のもとになっているのではないか。あるいは、知能を高める役割を果たしているのではないか」とも言われています。

日本でも、湯川秀樹《ゆかわひでき》博士などには、「幼少時には、『論語』から始まって、『四《し》書五経《しょごきょう》』をおじいさんから教わった。それが、二十代以降の、中間子理論等の発見の役に立った」と書いているものがありますし、「老荘《ろうそう》思想と関係があった」と指摘《してき》しているものもあります。

そのように、宗教とは、西洋か東洋かを問わず、歴史上、数々の偉人《いじん》たちを生み出してきたところの、原動力の部分ではあるのです。

明治維新《いしん》にしても、英語が入る前の日本にはオランダ語が入っていたので、蘭《らん》学《がく》を勉強した人が開いたようにも見えますが、基本的には、その前に、各地の藩《はん》で儒学《じゅがく》が広がっていたことも大きかったと思います。特に、王陽明《おうようめい》の陽明学に感化された人が数多く出ていたのです。

幕府の表側の学問は、朱子《しゅし》という人が『論語』に注を付けた朱子学であり、儒教の解釈《かいしゃく》を学問としていました。しかし、幕末期、当時の東大総長に相当するような、昌平黌《しょうへいこう》のトップだった佐藤一斎《さとういっさい》という人は、表向きは朱子学者のように見えましたが、裏では陽明学者だったのです。ただ、そのことは、みんながはっきりと知っていて、佐藤一斎の言葉に啓発《けいはつ》された人は大勢いました。

陽明学の影響《えいきょう》を深く受けた人の一人に、西郷南洲《さいごうなんしゅう》（隆盛《たかもり》）がいます。西郷は、藩主から遠島《えんとう》を申しつけられて南方の沖永良部島《おきのえらぶじま》等へ島流しになった際、佐藤一斎の本を持っていき、それを抄録《しょうろく》した自分流のサブノートを一生懸命につくって暗記に励《はげ》みました。

そのときの要約（『南洲手抄言志録《なんしゅうしゅしょうげんしろく》』）は、今も世に流布《るふ》していますが、西郷は、それを学ぶことで心の力を練り、革命の原動力へと変えていったのです。

したがって、「リーダーになるのに、宗教的素養のようなものは要《い》らない」と考える人がいるならば、それは大きな間違《まちが》いです。

単に、「口がうまい」「人付き合いがうまい」「金儲《かねもう》けのテクニックを持っている」といった世渡《よわた》りの力だけでリーダーになれるほど、世の中は甘《あま》くありません。やはり、裏では人知れず、高邁《こうまい》な思想などを学んでいることが大事です。

国際的に見れば宗教は「教養の一部」

大川隆法　特に、西洋のリーダーは、たいていの場合、キリスト教のバックボーンを持っています。

そうしたものを持っていない日本のビジネスマンが彼らとやり取りするときに、実際、いちばん苦戦するのは、土日に彼らの家へ呼ばれたりするときであり、なかなかうまい付き合いができないのです。

会社に勤めている間、業務時間内に彼らとやり取りすることにはあまり問題がなくても、家族同士の付き合いや、「うちにご飯を食べにきてくれ」と呼ばれたときなどには、会話の材料として、こちらもキリスト教的なバックボーンを持っていないと、相手が何を言いたいのか、何を考えているのかが全然分かりません。

ただ、たとえキリスト教的な考えを持っていなかったとしても、仏教や日本神《しん》道《とう》、儒教など、何らかの精神的なバックボーンを持っている人であれば、それを語ることによって一目《いちもく》も二目も置かれます。「ああ、この人は中身がある人なのだ」と分かってもらえるのです。

外国の人々と付き合うときには、そのようなところで人間としての厚みを見られるので、真なる国際人になるためには非常に大事なことだと思うのです。

彼らも、裏では、家庭教育や日曜学校を通じて宗教教育をしており、それ以外の実学を学校で勉強していることが多いわけです。

さらに、西洋では、小学校から、宗教の時間があります。キリスト教と言っても、宗派によって違うので、公立小学校では、プロテスタントやカトリック、生徒数の多いところでは他の宗教まで教えることもあります。

しかし、日本では、そこまでのことはまったく行われていません。そのように、西洋の真似《まね》をしているようで、実際には真似できていない部分はかなりあります。やはり、「宗教は教養の一部である」ということを、十分に理解していないからではないでしょうか。

これが理解できていないと、西洋人の「善悪の観念」はまったく分かりません。あるいは、イスラム教を勉強していなければ、アラブ人の行動パターンが全然読めないため、すべてが「悪魔《あくま》の仕業《しわざ》」に見えてしまうこともあるわけです。

「宗教は教養のもとなのだ」ということを知っていただきたいと思います。

日本にも「宗教」と「実学」の両立する時代が来る

大川隆法　また、「宗教と実学は両立しない」と考えるのは、やはり思い込《こ》みです。西洋の〝横〟のものを日本の〝縦〟のものに直したときに、そういう宗教的なものを訳さなかったため、「実学だけ、役に立つところだけを、ただただ使った」ということなのでしょう。

私は、アメリカに行ったときに、人間の心の問題を扱《あつか》っている本があまりにも多いのを見て、びっくりしたことがありました。当時は、「日本がアメリカよりも十年は後《おく》れている」という時代でしたが、そのころ、自己啓発、セルフ・インプルーブメントに関する本がたくさん出ていたのです。

それらは、どちらかといえば、宗教を少し薄《うす》めたような通俗哲学《つうぞくてつがく》に属するものなのかもしれません。ただ、現代的に置き直した自己実現哲学というか、自己修養哲学のようなものが、本屋で大きなコーナーになっているのを見たわけです。

当時の日本には、まだあれほどの本はありませんでした。精神世界の本は、マイナーな出版社が少しだけ出している程度で、まだほんの少ししかなく、本屋の隅《すみ》っこのほうにあるぐらいでした。

私は、「ああ、アメリカ人は、こういう本をこんなに読むのか」と思いつつも、「日本も、やがて、こういう時代になるんだな」と思って帰国したのを覚えています。そういう意味で、日本においても、今後、さらに多くのビジネスマンが当会の本を読み、仕事の原動力やヒントにする時代が来ることでしょう。

学問に必要な「継続《けいぞく》・忍耐《にんたい》」の背景にあるのは「宗教的思想」

大川隆法　それから、「人生におけるミッションを感じたら、勉強に熱が入る」というのは本当のことです。実際にそういうことはあると思います。

例えば、シュバイツァーは、「密林の聖者《せいじゃ》」と呼ばれていますが、「アフリカに行って病気の人を救いたい」という気持ちを持つことで、医学を勉強する気力が湧《わ》いてきたところがあったと思うのです。彼は、「三十歳《さい》までは自分のために生きて、三十歳からは人のために生きる」と言って、大学の医学部に、もう一回入り直した方です。

そのようなこともあるので、実際に、「人のために何かしたい」という気持ちがあれば、勉強も進むところがあります。

幸福の科学大学では、英語教育を中心に、外国語教育に力を入れようとしていますが、実際に、外国の人たちの人生相談に応じたり、諸問題についてアドバイスしようと思ったら、やはり、半端《はんぱ》ではない語学力がないとできないところがあります。

日本のなかで、「社内での待遇《たいぐう》がよくなればいい」「学校の成績がよくなればいいい」といった理由で、ただ資格試験としての英語の勉強をするだけの人と比べると、現実に、「社会や生きている人間たちを導こう」と思って勉強する人には、たいへんな力が要ります。

今は、キリスト教圏《けん》から日本に、多数の宣教師が来ています。テレビ等に出ている外国人タレントには宣教師も多いですが、彼らは、日本語が抜群《ばつぐん》にでき、非常に堪能《たんのう》です。もし、日本語能力試験を受けたら、一級を超《こ》えているでしょう。あのように、日本人以上の日本語を話せる人が大勢いるのです。

本当は、そのくらいまで語学ができないと、日本人が英語で人生相談に乗ることなどできないのです。下手な英語では人生相談に乗れません。

そういう意味では、限りない努力が必要であり、そのためには継続《けいぞく》が必要です。「継続」と「忍耐《にんたい》」を自らに要求するためには、その背景として「宗教的な信条」や「思想」「不動心《ふどうしん》」といったものが必要になると思います。

理科系のほうでは、科学の実験等はほとんど忍耐と持続の問題なので、やはり、根性《こんじょう》がなければできないことが多いでしょう。

また、文系のほうでも、「学問が成り立つ」といいますか、一定のレベルまで到達《とうたつ》するには、そうとうの努力を積み上げないと無理なので、それだけ精進《しょうじん》する力が要るわけです。

この「精進力」というのは、仏教的なるものなどからも、そうとう引いてこられるものではないでしょうか。

したがって、「宗教と実学は、決して両立しないものではない。日本人の頭だけが、そこを分けているのだ。学校できちんと教わらなかっただけのことではないか」と思うのです。

10　幸福の科学大学と「霊言《れいげん》」との関係

B――　もう一つ質問させていただきます。

幸福の科学の会員ではない方の、当会に対するイメージのなかには、おそらく、『霊言集《れいげんしゅう》』というものが、かなりたくさん出ているな」というものがあると思いますが、幸福の科学大学の学問の体系のなかにも、この「霊言集」というものはどのようなかたちで入ってくるのでしょうか。

例えば、もし、未来産業学部で、「トーマス・エジソンのリーディングや霊言をもとに研究しています」などということを言われると、一般《いっぱん》の人には想像の域を超《こ》えてしまうのではないかと思うのです。

そのあたりの疑問について、何かご教示いただければ幸いです。

大川隆法　それは、やはり、取り組み方の問題ではないかと思います。オリジナルなヒントとしては、「インスピレーションの具体化」ということでしょうから、「それをどのようにして、現実に具体化していくか」ということは、この世の努力としてあるのではないでしょうか。

今は、政党の活動も行っていて、幸福実現党出版からも霊言集をたくさん出しています。時には、「そういうことをしているから票が入らないんだ」と言われることもありますが、霊言のなかには、政策提言に当たるものも、そうとう入っているわけです。

その意味では、「〝生《なま》〟のまま、宗教の布教《ふきょう》に似たようなかたちを取るか。それとも、そのなかから、この世的に使えるものを抽出《ちゅうしゅつ》し、再構成して使うか」ということは、別途《べっと》、あってもよいのではないかと思います。

特に、霊界《れいかい》を信じる私たちの立場から言えば、あの世には、指導的なリーダー階層というものがあり、それぞれの専門でリーダーとなる霊たちがいることになっていますので、はっきり言えば、この世における凡百《ぼんぴゃく》の学者たちよりも優《すぐ》れた話を数多く下さることがあります。

要は、「それを、どのようなかたちで抽出し、学問適性のあるかたちにするか」ということなのではないかと思います。

幸福実現党であっても、政策や公約などを出す場合には、ほかの政党と同様、自分たちの考えだと分かるようなかたちで出しているはずです。「誰《だれ》それの霊言によれば、こうだ」などという感じでは出さないでしょう。

したがって、学校にも、ある程度、そのようなものがバックグラウンドとしてはありますが、大学でオリジナルのテキストをつくっていく際には、もちろん、この世のものも勉強しなければいけないと思っています。

やはり、そのあたりでひと努力して、智慧《ちえ》に転化していくものが必要なのではないでしょうか。

11 「人間幸福学部」を基礎《きそ》に、あらゆる学問へと広がっていく

A――　それでは、最後の質問をさせていただきます。

幸福の科学大学を創るに当たり、「人間幸福学部」という学部がなければ、この大学を創る意味がないのではないかと、私は思うのですが、これについて、大川総裁のご意見をお聞かせいただければと思います。

分化する学問の〝心臓のポンプ役〟となる「人間幸福学部」

大川隆法　世間《せけん》には、佛教《ぶっきょう》大学や立正《りっしょう》大学など、仏教のための大学があったり、國學院《こくがくいん》大学のような神道《しんとう》系の大学もあったりと、大学が丸ごと宗教でも構わない

ようなところもあるわけですから、大学のなかの一部に、やや宗教色の強い学部があること自体は、それほどおかしなことではないと思っています。

また、宗教的教養に付加価値を認める人たちにとっては、そこで学んだことが、のちのち役に立つはずです。

例えば、ハーバード大学にも神学部《しんがくぶ》があり、そこを出た人は牧師になる人が多いのでしょうが、なかには宗教研究家になるために行く人もいるでしょう。そのように、一定レベルでの宗教研究ができるとよいのではないかと思うのです。

特に、日本の宗教学者たちが幸福の科学を研究するに当たっては、みな、ウンウンと言っているところがあります。当会が、既存《きそん》の宗教の枠《わく》を踏《ふ》み越《こ》えてしまって、さまざまなジャンルにまで入っているために、彼らにはなかなか分からず、「自分たちが勉強してきたものの延長上に分類することができない」と困っている部分があるのです。

そのように、当会がさまざまな分野へ入っていっているのは、結局、「人間の幸福とは何か」ということを追究しているからです。

現実に、「人間が幸福になるためには、どうしたらよいか」ということを追究すると、個人の幸福から、社会全体の幸福、それから、国際的な正義の確立や調和、秩序《ちつじょ》のつくり方まで入ってきます。その意味では、政治や経済や経営、科学、医学など、将来的には、さまざまな領域まで外延が伸《の》びていく可能性があります。

そういう意味では、今後、まだまだ学問体系が分化していくとは思いますが、その基礎《きそ》となる部分の〝心臓のポンプ役〟として、「人間幸福学部」が存在するといえるのではないでしょうか。

例えば、比較《ひかく》宗教的な研究なども入ってくると思いますし、それに伴《ともな》って、さまざまな言語の研究も入ってくることでしょう。

人間幸福学部は、その原動力の部分になるのではないかと考えています。

「人間の幸福」について筋の通った考えを世に示したい

大川隆法　大学のなかには、先ほど述べたように、日蓮宗《にちれんしゅう》系の立正大学や真宗《しんしゅう》系の大谷《おおたに》大学など、仏教系のところもありますし、キリスト教系としては、今、NHKの大河ドラマで放映中の同志社《どうししゃ》大学などがあります。

同志社大学も、もともとは布教《ふきょう》・宣教をしたくてつくった大学ではないかと思います。英語学習も兼《か》ねて、『聖書』の教えを広げようとしているのでしょうが、そういうキリスト教系の大学はたくさんあります。上智《じょうち》大学もその一つでしょう。

このように、大学全体として何らかの宗教的な傾向《けいこう》を持ちながら、そのなかにさまざまな学部を持っているところもありますので、そこに入ることによって、「宗教に対する偏見《へんけん》や誤解や拒絶《きょぜつ》感がある程度少なくなった上で、その研究をする」という人ができるのは、よいことなのではないかと思います。

企業家《きぎょうか》や社長を志す人たちが、幸福の科学大学の「経営成功学部」で経営学等の勉強をすることよって、神仏の心を心として、経営の道に専念するような人になれば、かつてのホリエモン事件のようなことが起きることもないでしょう。

彼は、「お金で買えないものはない」といった言葉をキャッチコピーにして本を売ったりしていましたが、「お金がすべて」という発想で行われた不正行為《こうい》については、日本の法律体系でもなかなか許されることではありませんし、法律に仕えている人も、それを許さないところがあるわけです。当時、私と同年輩《どうねんぱい》の東京地検特捜《とくそう》部長が、「これは、世の中を悪くする思想だ。絶対にとっ捕《つか》まえてやる」と宣言していたのを覚えています。

そういう風潮に対しては、やはり、一定の筋を通す考え方が要《い》るのではないかと思います。そして、そうしたものに対する考え方を発信するための〝心臓〟部門、中心部分が「人間幸福学部」なのです。

これは、もちろん、「幸福の科学教学部」でも構わないのですが、もっと一般《いっぱん》化したかたちのものにしたいと考えています。幸福の科学の教義研究学部というだけでは、やや狭《せま》くなる面がありますので、その外延をもっと広げられるよう、「人間の幸福」というテーマについて研究したいと考えているわけです。

「人間の不幸」をテーマにして哲学《てつがく》科ができるぐらいなのですから、「人間の幸福」をテーマにして研究をしても、別に問題はないと思います。社会学であっても、「自殺」の研究ばかりをしているところもあり、自殺論などでも十分に研究の対象になるぐらいですので、「幸福」の研究をしても、まったく問題はないのではないでしょうか。

司会　それでは、以上とさせていただきます。本日は、まことにありがとうございました。

大川隆法　はい。ありがとうございました。（会場拍手《はくしゅ》）

あとがき

「創造性」「チャレンジ精神」「未来へ貢献する心」を持ちつつ、現在ある学問の力も総動員して、「幸福の科学大学」がめざすニュー・フロンティアを明示したのが本書である。

一般人の目線からみて、新しき大学に寄せられる、期待・好奇心・疑問に一つ一つ創立者としての考えを開示していった。私は、宗教法人・幸福の科学の形成してきた知識体系は、新しき大学の創立理念を樹立する上で十分なものだと考える。しかも、その内容は、世界的にみても、全く斬新《ざんしん》なものであり、大学の持つ社会的な機能を大いに前進させるものだと考える。日本にも外国にも、どこにもないユニークな大学であると同時に、時代が求め、未来の大学のリーダーともなりうるものをぜひとも開学したいと考えている。

本学の成功は、人類の理想とも合一するものと信じている。

二〇一三年　九月二十五日

幸福《こうふく》の科学《かがく》グループ創始者兼総裁《そうししゃけんそうさい》

幸福《こうふく》の科学大学創立者《かがくだいがくそうりつしゃ》　大川隆法《おおかわりゅうほう》

『新しき大学の理念』大川隆法著作関連書籍

『政治革命家・大川隆法』（幸福の科学出版刊）

『イスラム過激派に正義はあるのか』（同右）

新《あたら》しき大学《だいがく》の理念《りねん》

──「幸福の科学大学」がめざすニュー・フロンティア──

2013年10月4日　初版第1刷

著　者　大《おお》川《かわ》隆《りゅう》法《ほう》

発行所　幸福の科学出版株式会社

〒107-0052 東京都港区赤坂2丁目10番14号

TEL(03)5573-7700

http://www.irhpress.co.jp/

印刷・製本　株式会社 東京研文社

落丁・乱丁本はおとりかえいたします

ISBN978-4-86395-399-4 C0037

大川隆法ベストセラーズ・理想の教育を目指して

教育の法

信仰と実学の間で

深刻ないじめ問題の実態と解決法や、尊敬される教師の条件、親が信頼できる学校のあり方など、教育を再生させる方法が示される。

1,800円

教育の使命

世界をリードする人材の輩出を

わかりやすい切り口で、幸福の科学の教育思想が語られた一書。イジメ問題や、教育荒廃に対する最終的な答えが、ここにある。

1,800円

幸福の科学学園の未来型教育

「徳ある英才」の輩出を目指して

幸福の科学学園の大きな志と、素晴らしい実績について、創立者が校長たちと語りあった——。未来型教育の理想がここにある。

1,400円

※表示価格は本体価格(税別)です。

大川隆法 ベストセラーズ・英語達人を目指して

英語が開く「人生論」「仕事論」
知的幸福実現論

あなたの英語力が、この国の未来を救う——。国際的な視野と交渉力を身につけ、あなたの英語力を飛躍的にアップさせる秘訣が満載。

1,400円

英語界の巨人・斎藤秀三郎が伝授する英語達人への道

受験英語の先にほんとうの英語がある! 明治・大正期の英語学のパイオニアが贈る「使える英語」の修得法。英語で悩める日本人、必読の書。

1,400円

渡部昇一流・潜在意識成功法
「どうしたら英語ができるようになるのか」とともに

英語学の大家にして希代の評論家・渡部昇一氏の守護霊が語った「人生成功」と「英語上達」のポイント。「知的自己実現」の真髄がここにある。

1,600円

大川隆法の守護霊霊言

ユートピア実現への挑戦

あの世の存在証明による霊性革命、正論と神仏の正義による政治革命。幸福の科学グループ創始者兼総裁の本心が、ついに明かされる。

- 「日本国憲法」の問題点
- 「幸福実現党」の立党趣旨
- 「宗教革命」と「政治革命」
- 大川隆法の「人生計画」の真相 ほか

1,400円

政治革命家・大川隆法

幸福実現党の父

未来が見える。嘘をつかない。タブーに挑戦する──。政治の問題を鋭く指摘し、具体的な打開策を唱える幸福実現党の魅力が分かる万人必読の書。

- 「幸福実現党」立党の趣旨
- 「リーダーシップを取れる国」日本へ
- 国力を倍増させる「国家経営」の考え方
- 「自由」こそが「幸福な社会」を実現する ほか

1,400円

幸福の科学大学の魅力

1 夢にチャレンジする大学

今世《こんぜ》の「使命」と「志《こころざし》」の発見をサポートし、学生自身の個性や強みに基づいた人生計画の設計と実現への道筋を明確に描きます。

2 真の教養を身につける大学

仏法真理を徹底的に学びつつ心の修行を重ね、魂の器《うつわ》を広げます。仏法真理を土台に、正しい価値判断ができる真の教養人を目指します。

3 実戦力を鍛える大学

実戦《じっせん》レベルまで専門知識を高め、第一線で活躍するリーダーと交流を持つことによって、現場感覚や実戦力を鍛《きた》え、成果を伴《ともな》う学問を究《きわ》めます。

4 世界をひとつにする大学

自分の意見や考えを英語で伝える発信力を身につけ、宗教や文化の違いを越えて、人々を魂レベルで感化《かんか》できるグローバル・リーダーを育てます。

5 未来を創造する大学

未来社会や未来産業の姿を描き、そこから実現に必要な新発見・新発明を導き出します。過去の思想や学問を総決算し、新文明の創造を目指します。

校舎棟の正面

学生寮

大学完成イメージ

Noblesse《ノーブレス》 Oblige《オブリージ》
「高貴なる義務」を果たす、
「真のエリート」を目指せ。

幸福の科学学園
中学校・高等学校（那須本校）

Happy Science Academy Junior and Senior High School

私は、
教育が人間を創ると
信じている一人である。
若い人たちに、
夢とロマンと、精進、
勇気の大切さを伝えたい。
この国を、全世界を、
ユートピアに変えていく力を
出してもらいたいのだ。
（幸福の科学学園　創立記念碑より）

幸福の科学学園　創立者
大川隆法

幸福の科学学園（那須本校）は、幸福の科学の教育理念のもとにつくられた、男女共学、全寮制の中学校・高等学校です。自由闊達な校風のもと、「高度な知性」と「徳育」を融合させ、社会に貢献するリーダーの養成を目指しており、2013年4月には開校三周年を迎えました。

Noblesse Oblige《ノーブレス オブリージ》

「高貴なる義務」を果たす、
「真のエリート」を目指せ。

2013年 春 開校

幸福の科学学園
関西中学校・高等学校

Happy Science Academy
Kansai Junior and Senior High School

私は日本に
真のエリート校を創り、
世界の模範としたい
という気概に満ちている。
『幸福の科学学園』は、
私の『希望』であり、
『宝』でもある。
世界を変えていく、
多才かつ多彩な人材が、
今後、数限りなく
輩出されていくことだろう。
（幸福の科学学園関西校 創立記念碑より）

幸福の科学学園 創立者
大川隆法

滋賀県大津市、美しい琵琶湖の西岸に建つ幸福の科学学園（関西校）は、男女共学、通学も入寮も可能な中学校・高等学校です。発展・繁栄を校風とし、宗教教育や企業家教育を通して、学力と企業家精神、徳力を備えた、未来の世界に責任を持つ「世界のリーダー」を輩出することを目指しています。

幸福の科学学園・教育の特色

「徳ある英才」の創造

教科「宗教」で真理を学び、行事や部活動、寮を含めた学校生活全体で実修して、ノーブレス・オブリージ（高貴なる義務）を果たす「徳ある英才」を育てていきます。

体育祭

天分を伸ばす「創造性教育」

教科「探究創造」で、偉人学習に力を入れると共に、日本文化や国際コミュニケーションなどの教養教育を施すことで、各自が自分の使命・理想像を発見できるよう導きます。さらに高大連携教育で、知識のみならず、知識の応用能力も磨き、企業家精神も養成します。芸術面にも力を入れます。

探究創造科発表会

一人ひとりの進度に合わせた「きめ細やかな進学指導」

熱意溢れる上質の授業をベースに、一人ひとりの強みと弱みを分析して対策を立てます。強みを伸ばす「特別講習」や、弱点を分かるところまでさかのぼって克服する「補講」や「個別指導」で、第一志望に合格する進学指導を実現します。

授業の様子

自立心と友情を育てる「寮制」

寮は、真なる自立を促し、信じ合える仲間をつくる場です。親元を離れ、団体生活を送ることで、縦・横の関係を学び、力強い自立心と友情、社会性を養います。

毎朝夕のお祈りの時間

幸福の科学学園の進学指導

1 英数先行型授業

受験に大切な英語と数学を特に重視。「わかる」(解法理解)まで教え、「できる」(解法応用)、「点がとれる」(スピード訓練)まで繰り返し演習しながら、高校三年間の内容を高校二年までにマスター。高校二年からの文理別科目も余裕で仕上げられる効率的学習設計です。

2 習熟度別授業

英語・数学は、中学一年から習熟度別クラス編成による授業を実施。生徒のレベルに応じてきめ細やかに指導します。各教科ごとに作成された学習計画と、合格までのロードマップに基づいて、大学受験に向けた学力強化を図ります。

3 基礎力強化の補講と個別指導

基礎レベルの強化が必要な生徒には、放課後や夕食後の時間に、英数中心の補講を実施。特に数学においては、授業の中で行われる確認テストで合格に満たない場合は、できるまで徹底した補講を行います。さらに、カフェテリアなどでの質疑対応の形で個別指導も行います。

4 特別講習

夏期・冬期の休業中には、中学一年から高校二年まで、特別講習を実施。中学生は国・数・英の三教科を中心に、高校一年からは五教科でそれぞれ実力別に分けた講座を開講し、実力養成を図ります。高校二年からは、春期講習会も実施し、大学受験に向けて、より強化します。

5 幸福の科学大学(仮称・設置認可申請予定)への進学

二〇一五年四月開学予定の幸福の科学大学への進学を目指す生徒を対象に、推薦制度を設ける予定です。留学用英語や専門基礎の先取りなど、社会で役立つ学問の基礎を指導します。

授業の様子

詳しい内容、パンフレット、募集要項のお申し込みは下記まで。

幸福の科学学園 関西中学校・高等学校

〒520-0248
滋賀県大津市仰木の里東2-16-1
TEL.077-573-7774
FAX.077-573-7775
[公式サイト]
www.kansai.happy-science.ac.jp
[お問い合わせ]
info-kansai@happy-science.ac.jp

幸福の科学学園 中学校・高等学校

〒329-3434
栃木県那須郡那須町梁瀬 487-1
TEL.0287-75-7777
FAX.0287-75-7779
[公式サイト]
www.happy-science.ac.jp
[お問い合わせ]
info-js@happy-science.ac.jp

仏法真理塾

サクセスNo.1

未来の菩薩を育て、仏国土ユートピアを目指す！

サクセスNo.1 東京本校（戸越精舎内）

仏法真理塾「サクセスNo.1」とは

宗教法人幸福の科学による信仰教育の機関です。信仰教育・徳育にウエイトを置きつつ、将来、社会人として活躍するための学力養成にも力を注いでいます。

「サクセスNo.1」のねらいには、「仏法真理と子どもの教育面での成長とを一体化させる」ということが根本にあるのです。

大川隆法総裁　御法話『サクセスNo.1』の精神」より

仏法真理塾「サクセスNo.1」の教育について

信仰教育が育む健全な心

御法話拝聴や祈願、経典の学習会などを通して、仏の子としての「正しい心」を学びます。

学業修行で学力を伸ばす

忍耐力や集中力、克己心を磨き、努力によって道を拓く喜びを体得します。

法友との交流で友情を築く

塾生同士の交流も活発です。お互いに信仰の価値観を共有するなかで、深い友情が育まれます。

●サクセスNo.1は全国に、本校・拠点・支部校を展開しています。

東京本校	TEL.03-5750-0747	FAX.03-5750-0737
名古屋本校	TEL.052-930-6389	FAX.052-930-6390
大阪本校	TEL.06-6271-7787	FAX.06-6271-7831
京滋本校	TEL.075-694-1777	FAX.075-661-8864
神戸本校	TEL.078-381-6227	FAX.078-381-6228
西東京本校	TEL.042-643-0722	FAX.042-643-0723
札幌本校	TEL.011-768-7734	FAX.011-768-7738
福岡本校	TEL.092-732-7200	FAX.092-732-7110
宇都宮本校	TEL.028-611-4780	FAX.028-611-4781
高松本校	TEL.087-811-2775	FAX.087-821-9177
沖縄本校	TEL.098-917-0472	FAX.098-917-0473
広島拠点	TEL.090-4913-7771	FAX.082-533-7733
岡山拠点	TEL.086-207-2070	FAX.086-207-2033
北陸拠点	TEL.080-3460-3754	FAX.076-464-1341
大宮拠点	TEL.048-778-9047	FAX.048-778-9047

全国支部校のお問い合わせは、
サクセスNo.1 東京本校(TEL. 03-5750-0747)まで。

メール info@success.irh.jp

エンゼルプランV

信仰教育をベースに、知育や創造活動も行っています。

信仰に基づいて、幼児の心を豊かに育む情操教育を行っています。また、知育や創造活動を通して、ひとりひとりの子どもの個性を大切に伸ばします。お母さんたちの心の交流の場ともなっています。

TEL 03-5750-0757　FAX 03-5750-0767
メール angel-plan-v@kofuku-no-kagaku.or.jp

ネバー・マインド

不登校の子どもたちを支援するスクール。

「ネバー・マインド」とは、幸福の科学グループの不登校児支援スクールです。「信仰教育」と「学業支援」「体力増強」を柱に、合宿をはじめとするさまざまなプログラムで、再登校へのチャレンジと、進路先の受験対策指導、生活リズムの改善、心の通う仲間づくりを応援します。

TEL 03-5750-1741　FAX 03-5750-0734
メール nevermind@happy-science.org

ユー・アー・エンゼル！（あなたは天使！）運動

障害児の不安や悩みに取り組み、ご両親を励まし、勇気づける、障害児支援のボランティア運動です。学生や経験豊富なボランティアを中心に、全国各地で、障害児向けの信仰教育を行っています。保護者向けには、交流会や、医療者・特別支援教育者による勉強会、メール相談を行っています。

TEL 03-5750-1741　FAX 03-5750-0734
メール you-are-angel@happy-science.org

シニア・プラン21

生涯反省で人生を再生・新生し、希望に満ちた生涯現役人生を生きる仏法真理道場です。週1回、開催される研修には、年齢を問わず、多くの方が参加しています。現在、全国7カ所（東京、名古屋、大阪、福岡、新潟、仙台、札幌）で開校中です。

東京校 TEL 03-6384-0778　FAX 03-6384-0779
メール senior-plan@kofuku-no-kagaku.or.jp